Gruppenpädagogik · Gruppendynamik

Schriftenreihe der International Society for Group Activity in Education

Herausgegeben von Ernst Meyer

FÜR KARIN, DIE ALS FRAU UND KRITISCHE PARTNERIN DIE ENTWICKLUNG DER KOMMUNIKATIONSTRAININGS WESENTLICH MITGESTALTET HAT.

Kommunikationstraining

Von
Franz Zöchbauer
und
Henk Hoekstra

Quelle & Meyer Heidelberg

Druck: Druckhaus Darmstadt
Umschlagmotiv: J. Keil-Brinkmann, Bergen-Enkheim
ISBN 3-494-00774-8

Inhaltsverzeichnis

Einleitung 9

1 Sozialpsychologische Aspekte des Kommunikationstrainings 12
1.1 Die Konkurrenzgesellschaft 13
1.2 Die beschleunigte Veränderung der heutigen Gesellschaft 15
1.3 Die Informationsüberflutung als gesellschaftliches Problem 18
1.4 Die Pluralität der Weltanschauungen 20
1.5 Konflikteinstellungen und Konfliktverhalten 22

2 Aufgaben und Ziele des Kommunikationstrainings 25
2.1 Dialogische Kommunikation 27
2.1.1 Das Selbst- und Fremdbild in der dialogischen Kommunikation . . 29
2.1.2 Das Harmoniegespräch 31
2.1.3 Das verstehende Gespräch 32
2.1.3.1 Das Zuhören im verstehenden Gespräch 32
2.1.3.2 Das Sprechen im verstehenden Gespräch 33
2.1.4 Symmetrische und asymmetrische dialogische Kommunikation . . 34
2.1.5 Zusammenfassung 37
2.2 Gestaltung von Inhalt und Beziehung in der Kommunikation . . . 37
2.2.1 Die Faktoren Ratio und Emotio 39
2.2.2 Kommunikatorische Kompetenz in verbaler und nonverbaler Kommunikation 40
2.2.3 Adäquates Geben von Distanz und Nähe 42
2.2.4 Zusammenfassung 44
2.3 Konfliktkommunikation 45
2.3.1 Konfliktanalyse 45
2.3.2 Konfliktlösungsstrategien 47
2.3.2.1 Pseudostrategien der Konfliktlösung 47
2.3.2.2 Reale Strategien der Konfliktlösung 47
2.3.3 Erkennen von und Umgehen mit Widerständen 48
2.3.4 Aggressionsformen im Konflikt 50
2.3.4.1 Grobformen der Aggression 50
2.3.4.2 Feinformen der Aggression 50
2.3.5 Das „Ja-Aber-Gespräch" – eine Form der Konflikttarnung 51
2.3.6 Zusammenfassung 51
2.4 Koordinierung in der Kommunikation 52
2.4.1 Erkennen von Kommunikationsintentionen 53
2.4.2 Informationsfülle und Steuerung durch Information 54
2.4.3 Zusammenfassung 54
2.5 Sicherstellung des Transfers 54
2.5.1 Analyse der Kommunikationssituation 55
2.5.2 Die Issueformulierung 57
2.5.3 Die Zielformulierung 58
2.5.4 Die Zielverwirklichung 58
2.5.5 Zusammenfassung 58

3 Erfahrungsberichte über Kommunikationstrainings 60
3.1 Erfahrungsbericht I: das Wochentraining 61
3.2 Erfahrungsbericht II: ein Dreitagestraining 70
3.3 Idealtypische Beschreibung des Prozeßverlaufes eines Kommunikationstrainings 72
3.3.1 Die Orientierungsphase 72
3.3.2 Die Sensibilisierungsphase 74
3.3.3 Die Strategiephase 76
3.3.4 Zusammenfassung 77
3.4 Stagnation und Regression im Kommunikationsverlauf 78

4 Zur Methodik des Kommunikationstrainings 80
4.1 Training als intensivierte und reflektierte Kommunikationserfahrung 80
4.2 Die Strukturiertheit des Kommunikationstrainings 81
4.3 Die integrale Kommunikation 84
4.3.1 Massenkommunikative Phase 85
4.3.2 Intrapersonale Phase 85
4.3.3 Interpersonale und Gruppenphase 86
4.4 Verhaltenslernen mit dem Videorecorder 86
4.4.1 Das Beobachtungslernen 87
4.4.2 Das Bekräftigungslernen – Reinforcement – und die Extinction . . 88
4.4.3 Das Lernen durch Einsicht 88
4.5 Die Aufnahme und Wiedergabe von Fernsehsendungen im Kommunikationstraining 89
4.6 Das Feedback 90
4.7 Lernpunktformulierung und Strategie 91
Literaturangaben und weiterführende Literatur zu den Kapiteln 1–4 . . . 93

5 Strukturen und Elemente von Kommunikationstrainings 98
5.1 Das dreitägige Training 100
5.1.1 Kommunikationstraining: I 100
5.1.1.1 Programm 100
5.1.1.2 Übungen 101
5.1.1.2.1 Die Selbstdarstellungsanalyse 101
5.1.1.2.2 Die Optimalgestaltung von Statements 103
5.1.1.2.3 Die aggressionsauflösende und defensivreduzierende Kommunikation 105
5.1.1.2.4 Das Kreuzverhör 107
5.1.1.2.5 Die Rollendiskussion 108
5.1.1.2.6 Das Autospiel 109
5.1.2 Kommunikationstraining: II 111
5.1.2.1 Programm 111
5.1.2.2 Übungen 112
5.1.2.2.1 Das portraitierende Interview 112
5.1.2.2.2 Standpunktformulierung und Erwiderungstechniken . . . 113
5.1.2.2.3 Die Aufnahme, Weitergabe und Interpretation von Kommunikationsinhalten 115

5.1.2.2.4 Rollenspiel: „Vorgesetzter – Untergebener" 116
5.1.2.2.5 Die Problemlösungsübung 117
5.1.3 Kommunikationstraining: III 120
5.1.3.1 Programm 120
5.1.3.2 Übungen 121
5.1.3.2.1 Das verstehende Gespräch 121
5.1.3.2.2 Die amerikanische Formaldebatte 122
5.1.3.2.3 Der kontrollierte Dialog 123
5.1.3.2.4 Erkennen und Verbessern von Kommunikationsstilen . . . 125
5.1.3.2.5 Nonverbale Übung: Zeichnen von Haus, Baum und Hund . 127
5.2 Das Wochentraining 128
5.2.1 Programm 128
5.2.2 Übungen 128
5.2.2.1 Die Selbstdarstellungsanalyse 128
5.2.2.2 Der stumme Dialog 129
5.2.2.3 Die Erlebnisanalyse 129
5.2.2.4 Nonverbale Übung: Führen und Geführtwerden 131
5.2.2.5 Die Assoziationsanalyse 132
5.2.2.6 Collagen 132
5.2.2.7 Die Analyse von Unterhaltungssendungen 134
5.2.2.8 Die Nachrichtenanalyse 135
5.2.2.9 Strategieübung 136
5.2.2.10 Besprechung der Polaritätsprofile 137
5.2.3 Zusammenfassung 137

6 Anforderungen an den Kommunikationstrainer 140

7 Effektivitätsmessung von Wochentrainings 145
7.1 Fragestellung und Durchführung der Effektivitätsmessung 145
7.2 Ergebnisse der Effektivitätsmessung 146

8 Rückblick und Ausblick 150
8.1 Die Kommunikationsnot 150
8.2 Das Bedürfnis nach Kommunikationstrainings 152
8.3 Integration von verschiedenen Trainingstypen und Ausdifferenzierungen von Kommunikationstrainings 152
Literaturangaben und weiterführende Literatur zu den Kapiteln 5–7 . . . 149

Einleitung

Es war ein glückliches Zusammentreffen als wir uns vor acht Jahren bei einem Kurs über Medienerziehung zum ersten Mal sahen. Jeder hatte seine speziellen Erfahrungen, der eine vorwiegend in der Gruppendynamik, der andere primär in der Medienpädagogik. Sehr rasch erlebten wir eine sehr fruchtbare Ergänzung. So war es nicht verwunderlich, daß wir eine Synthese unserer Ausgangspositionen versuchten, die in einem Sensibilisierungstraining über Massenkommunikation und Gruppendynamik im Jahre 1971 ihren Ausdruck fand. Am Ende dieses Trainings fühlten wir, daß wir etwas sehr Wichtiges begonnen hatten. Deshalb haben wir die dabei gewonnenen Erfahrungen veröffentlicht.

Als auf Grund dieser Veröffentlichung Prof. Ernst Meyer im Namen des Verlags Quelle & Meyer an uns herantrat, darüber ein Buch zu schreiben, sagten wir aus vielen Gründen gerne zu.

Wir hatten in der Zwischenzeit die damals begonnene Trainingsform weiter entwickelt und viele Erfahrungen gesammelt. Wir hatten das Bedürfnis, diese Erfahrungen niederzuschreiben, um uns selber zur eingehenden Reflexion zu zwingen.

Der Erfolg dieser Trainings und vor allem die ständig sprunghaft steigende Nachfrage war für uns ein Phänomen, das wir uns zunächst nicht recht zu deuten vermochten. Kamen doch so ganz verschiedene Gruppen zu uns mit der Bitte, sie zu trainieren. So waren es 1973 unter anderem Lehrer, Manager, Glasermeister, Vertrauensleute einer Gewerkschaftsfraktion, Gebietsleiter von Persil, Fernsehredakteure, Homiletiker, Salesmen von IBM, Politiker, Kammerbeamte, die Mahnerinnen einer großen Speditionsfirma, Pastoralkollegsleiter, die Leiter von Rechenzentren, die Angestellten einer Sparkasse und Studenten. Für uns zeigte sich darin ein sehr breites Bedürfnis nach Kommunikationstrainings, welches wir in diesem Buch ergründen wollten.

Bei diesen Trainings wünschten viele Personen selbst zu Trainern ausgebildet zu werden. Es entstand das erste Trainertraining mit zwölf Teilnehmern aus Österreich, Deutschland, Holland, der Schweiz und Italien, das im Rahmen der Internationalen Arbeitsgemeinschaft für Kommunikationspädagogik durchgeführt wurde. So entwickelten wir beginnend mit Jänner 1973 gemeinsam mit Frau Dr. Karin Zöchbauer das erste Trainertraining. Auch dieses Trainertraining veranlaßte uns zu einer systematischen Reflexion unserer Erfahrungen, für die das Buch eine willkommene Gelegenheit bot.

Noch immer erleben wir uns in einer Pionierphase. Gerade in dieser Phase erscheint es uns notwendig, unsere Erfahrungen zu veröffentlichen, um sie mit anderen Kollegen austauschen zu können.

In dieser Situation entstanden auch wissenschaftliche Begleituntersuchungen, die den Effekt der Kommunikationstrainings gemessen haben und deren Ergebnisse wir ebenfalls gern einer breiteren Öffentlichkeit zugänglich machen wollten.

Als wir uns dann zusammensetzten, um dieses Buch zu schreiben, war es für uns oft beglückend, wenn sich aus der Reflexion unseres Tuns in einer von uns als sehr kreativ erlebten Kommunikation neue Einsichten ergaben und Zusammenhänge aufhellten. Dabei entdeckten wir aber auch, daß wir in vielen Teilen noch nicht in der Lage waren, eine konsistente Theorie des Kommunikationstrainings zu erstellen. – Ursprünglich hatten wir die Absicht, das Buch in einen theoretischen und einen praktischen Teil zu gliedern; doch bei der Arbeit sind wir bescheidener geworden; wir haben uns auf einen Erfahrungsbericht beschränkt, wobei wir es nicht als Nachteil sehen, wenn die Praxis einmal der Theorie vorauseilt.

Im ersten Kapitel versuchten wir die soziologischen Hintergründe aufzuzeigen, aus denen wir uns das große Bedürfnis nach Kommunikationstrainings in der Gegenwart zu erklären versuchten. Es war für uns überraschend, Erkenntnisse der Soziologie in den Trainings „an Menschen aus Fleisch und Blut" bestätigt zu finden.

Im zweiten Kapitel beschreiben wir die Aufgaben und Ziele des Kommunikationstrainings, wie wir sie heute sehen.

Im dritten Kapitel bringen wir zunächst Erfahrungsberichte von Trainingsteilnehmern, um den Lesern Einsicht zu bieten, wie die Trainings von Teilnehmern erlebt wurden, um dann den idealtypischen Verlauf von Trainings zu schildern.

Im vierten Kapitel bringen wir Gedanken *zur* Methodik des Kommunikationstrainings. Diese Methodik ist noch nicht zu Ende entwickelt und deshalb konnten wir auch nicht *die* Methodik des Kommunikationstrainings darstellen.

Im fünften Kapitel versuchen wir die Strukturen und Elemente von Kommunikationstrainings aufzuzeigen. Dabei schildern wir einige Trainingstypen und vor allem die Übungen, die wir in den einzelnen Trainings verwendeten. Diese Übungsschilderung ist nicht als ein Rezeptbuch aufzufassen, da für die richtige Verwendung der Übungen sehr viel Sensibilität und Erfahrung notwendig ist.

Im sechsten Kapitel zeigen wir die Anforderungen an den Kommunikationstrainer auf, die deutlich machen sollen, wie schwierig es ist, solche Trainings erfolgreich durchzuführen.

Im siebten Kapitel schildern wir die Effektivitätsmessungen von Wochentrainings, die aber keineswegs alle Ergebnisse zu erfassen vermochten.

Im Rückblick und Ausblick werden die wesentlichen Erkenntnisse zusammengefaßt und die von uns gesehenen und bereits begonnenen Entwicklungslinien aufgezeigt.

Damit soll deutlich werden, daß es sich bei diesem Buch um eine Momentaufnahme des Entwicklungsstandes des Kommunikationstrainings handelt.

Dieses Buch wäre nicht möglich gewesen, wenn uns nicht so viele Personen dabei geholfen hätten. Ganz besonders wollen wir daher zu allererst Frau Dr. Karin Zöchbauer danken, die wesentlich zur Entwicklung der Trainings beigetragen hat und an der Gestaltung des Buches maßgeblich beteiligt war.

Darüber hinaus danken wir Herrn Helmut Hagen für seine wertvolle Überarbeitung des Manuskriptes und Frl. Hedi Cech für das mühevolle Schreiben des Manuskriptes. Frau Ellen Terpstra und Herrn André Agterhof danken wir für Vorbereitungsarbeiten.

Graz, Amstelveen Jänner 1974

1 Sozialpsychologische Aspekte des Kommunikationstrainings

Bormann und andere stellen in ihrer Studie „Kommunikation in Unternehmen und Verwaltung" fest, daß der einzelne täglich 70 % seiner Zeit mit Kommunikation verbringt, genauer: 45 % mit Zuhören, 30 % mit Sprechen, 16 % mit Lesen und 9 % mit Schreiben.[1] D. K. Berlo ergänzt diese Aussagen, er schreibt: „There is research evidence to indicate that the average american spends about 70 per cent of his active hours communicating verbally – listening, speaking, reading and writing, in that order. In other words, each of us spends about 10 or 11 hours a day, every day, performing verbal communication behaviours."[2] Untersuchungen über die Nutzung von Massenmedien stellen fest, daß der Durchschnittsmensch sich 3½ Stunden täglich mit Massenmedienangeboten beschäftigt.[3]

Diese Tatsachen, die noch durch eine Anzahl anderer Untersuchungsergebnisse ergänzt werden könnten, sagen nicht nur etwas über die Kommunikationssituation des heutigen Menschen aus, sie kennzeichnen auch die gesellschaftliche Kommunikationssituation. Unsere Gesellschaft produziert und konsumiert mehr Informationen, als je eine Gesellschaft zuvor, ihre Institutionen, Betriebe, Gruppierungen usw. sind darauf angewiesen. Ohne Information und Kommunikation ist diese hochdifferenzierte Gesellschaft kaum noch existenzfähig.

Woher kommt es, daß die Kommunikation vor allem in den letzten Jahren in den Mittelpunkt des Interesses gerückt ist und ein zentrales Phänomen geworden ist?

Frequenz und Intensität der Kommunikation haben zugenommen, Informationsfülle und Kommunikationsnetze haben sich ausgedehnt und verdichtet. Die Interdependenz der Kommunikationsbeziehungen ist stärker geworden, alles ist mit allem verflochten. Jedoch sind Quantität des Informationsangebotes und Zunahme der Kommunikationsdichte noch keine Garantie für größere Kommunikationseffektivität. Kommunikation hat ihre Selbstverständlichkeit verloren. Dies zeigt sich in der Diskrepanz zwischen Kommunikationsanforderungen und Kommunikationsvermögen, sowie zwischen Kommunikationsbedürfnissen und Kommunikationsstörungen.

Kommunikation ist darüber hinaus auch Forschungsgegenstand und Ziel von Trainings geworden. Dabei geht es nicht nur um Studien der zwischenmenschlichen – interpersonalen – Kommunikation, sondern auch um die Kommunikation von Organisationen, Institutionen und gesellschaftlichen Gruppen untereinander, und um Massenkommunikation. Die Kommunikation hat demnach mikro-, meso- und makrosoziale Dimensionen. Sie ist ein zwischenmenschliches und gesellschaftliches Phänomen.

Es ist daher verständlich, daß eine delphi-Untersuchung die Kommunikationsfähigkeit zu den drei in der Zukunft am meisten benötigten Fähigkeiten des Menschen zählt. [4]

Das Ziel dieses Buches ist es, Wege aufzuzeigen, wie diese Kommunikationsfähigkeit entwickelt und verbessert werden kann. Da die Kommunikation nicht nur ein interpersonales, sondern auch ein gesellschaftliches Phänomen ist, ist es notwendig, einige gesellschaftliche Hintergründe darzustellen, aus denen heraus Kommunikationsstörungen kommen, die dann ihre Rückwirkungen auf die interpersonale Kommunikation haben. Diese gesellschaftlichen Aspekte ergeben darüber hinaus Hinweise für die Aufgaben und Ziele des Kommunikationstrainings.

1.1 Die Konkurrenzgesellschaft

In unseren Kommunikationstrainings mit Teilnehmern aus dem Bereich der Wirtschaft und verschiedenen Institutionen konnten wir immer wieder das primäre Bedürfnis feststellen, die Schwächen in der Argumentation des anderen erkennen lernen zu wollen. Nur diese Form der Kommunikation erschien zunächst attraktiv. Dies bedeutet aber eine Einengung und Reduktion der Kommunikationsmöglichkeiten – kompetitive Kommunikation – und in vielen Fällen eine Unfähigkeit zur Kommunikation überhaupt. Alternativen wurden nur im Rahmen des Konkurrenzverhaltens gesehen. Daher immer wieder der Wunsch: Wie kann ich besser argumentieren lernen, als der andere, wie kann ich ihn „außer Gefecht setzen", wie gehe ich als Sieger aus einem Gespräch hervor?

Die Ursache dieser „Fehlkommunikation" liegt wohl hauptsächlich in unserer heutigen Gesellschaftsstruktur. Wettkampf ist nach wie vor eines ihrer grundlegenden Elemente. Auch wenn heute diese Tatsache gelegentlich durch das Ersetzen des Wortes Konkurrent durch „Mitbewerber", zu verschleiern versucht wird. Zu den Normen der heutigen Gesellschaft gehören Konkurrenzverhalten und Leistungsstreben. Beide verleihen Prestige und Status. „Die Wirtschaftstheorie lehrt seit langem, daß bei vollkommener Konkurrenz – es handelt sich um eine Situation, in der weder der Produzent noch ein Konsument allein auf die Marktverhältnisse einen Einfluß ausüben kann – die größte gesellschaftliche Wohlfahrt realisiert werde." [5] Dieser Konkurrenzkampf führt zur „Härte als Tugend" und zu einem generellen Mißtrauen, denn die Beziehungen sind mehr von kompetitiver als von kooperativer Art. Jeder ist für jeden potentieller Konkurrent.[6]

Eine Folge dieser Konkurrenzeinstellung und des Konkurrenzkampfes ist eine allgemeine Streß-Situation. Wittmann schreibt zur Genese des Streß: „Eine Streß-Situation entsteht im wesentlichen aus dem forcierten Arbeitstempo in den mittleren und hohen Positionen in der Privatwirtschaft. Der Zwang zur Leistung, die Gefahr des Überholtwerdens durch nachstoßende Kräfte, ja, schlechthin die Angst zu versagen, überfordert und zerreißt den Menschen in der modernen Leistungsgesellschaft." [7]

Österreich und die BRD gehören zu den Ländern mit dem höchsten Streß-Niveau. Dies zeigt sich in folgenden Streßindikatoren: Die BRD steht an erster, Österreich an dritter Stelle der westeuropäischen Staaten mit der relativen Häufigkeit der Verkehrsunfälle. (Die Unfallhäufigkeit steht in einer geringeren Korrelation zur Verkehrsdichte als zum Streß-Niveau). Die Verkehrsunfälle sind in diesem Zusammenhang als Ausdruck einer durch Frustration bedingten Aggression gegen sich selbst und gegen andere zu sehen. Weitere Streßindikatoren sind Kreislauferkrankungen als Todesursache und die Zunahme von Psychoneurosen und Psychosen. (Die BRD steht hier an vierter und Österreich an zweiter Stelle in Westeuropa.) Diese Angaben entstammen einer Untersuchung von Gaspari und Millendorfer. Die Autoren interpretieren ihre Ergebnisse wie folgt: „Die hohe Zahl der Autounfälle kann ebenso wie die Selbstmordrate als Maß für den Mangel an positiven zwischenmenschlichen Beziehungen gewertet werden. Symptomen von Streß wie Selbstmord, Psychosen und Autounfällen liegt offensichtlich ein gemeinsamer steuernder Faktor zugrunde: die Unfähigkeit, positive zwischenmenschliche Beziehungen herzustellen, die sich in erhöhter Aggressionsbereitschaft gegen andere und gegen sich selbst äußert." [8]

Am Beginn dieses kurzen Exkurses zur Konkurrenzgesellschaft sprachen wir von unseren Erfahrungen mit der vorwiegend kompetitiven Kommunikation am Anfang unserer Kommunikationstrainings. Gaspari und Millendorfer gehen noch weiter und sprechen von der Unfähigkeit, zwischenmenschliche Beziehungen herzustellen. Auch diese Behauptung fanden wir häufig bestätigt. Vor allem dann, wenn die rationale Ebene der Kommunikation verlassen werden sollte, war die Unfähigkeit groß. Eine „Kultur der Gefühle", die Pflege der emotionalen Komponenten in der Kommunikation fehlt sehr häufig. Es scheint fast, als seien diese Dimensionen der Kommunikation tabu.

Nun soll an dieser Stelle nicht der Eindruck einer allzu einseitigen Sicht entstehen. Fromm charakterisiert die Gesellschaft, vor allem die des 19. Jahrhunderts, als „geprägt von Konkurrenzgeist, Lust an Besitzanhäufung, Ausbeutung und Autorität; aggressiv und individualistisch". Im 20. Jahrhundert sieht Fromm hingegen „an die Stelle der Rivalität . . . eine zunehmende Neigung zur Teamarbeit"[9] treten. Dies, sowie die Mitbestimmungsbestrebungen, Demokratisierung und Solidarität gehören ebenso zu der heutigen Gesellschaft. Hier sehen wir auch den Hauptansatzpunkt für eine Weiterentwicklung. Teamarbeit und Solidarität fordern Eingehen auf den anderen, Verstehen des anderen. Hier liegt die Chance für kooperative Kommunikation, deren Basis Vertrauen, nicht Mißtrauen ist, deren Argumentation nicht primär in der Gewinn-Verlust-Sphäre liegt. Nur gilt es, diese Form der Kommunikation zu kultivieren, oft sogar zu erlernen.

1.2 Die beschleunigte Veränderung der heutigen Gesellschaft

Vor allem bei einer unserer zentralen Übungen des Kommunikations-Trainings, der „Selbstdarstellungsanalyse" (s. S. 101), zeigte sich immer wieder, daß Vergangenheit, Gegenwart und Zukunft einer Person wie isolierte Teile nebeneinander stehen, eine Integration scheint unmöglich. Wir erkannten immer deutlicher, daß gerade diese persönliche Problematik stark von dem Faktum der beschleunigten Veränderung in der heutigen Gesellschaft mitbestimmt wird. Was ist nun unter dieser „beschleunigten Veränderung" zu verstehen?

Bennis, Benne und Chin nehmen dieses charakteristische Merkmal als Ausgangspunkt für ihren Sammelband „The planning of change". Sie schreiben: „Most students of our society agree that one major invariant ist the tendency towards movement, growth, developement, process: change ... Planned change is a method which self-consciously and experimentally employs social technology to help solve the problems of men and societies."[10]

Oppenheimer meint zu dieser Problematik „In an important sense this world of ours is a new world, in which the unity of knowledge, the nature of human communities, the order of society, the order of ideas, the very notions of society and culture have changed and will not return to what they have been in the past. What is new, is new not because it has never been in the past before, but because it has changed in quality. One thing that is new is prevalence of newness, the changing scale and scope of change itself, so that the world alters as we walk in it, so that the years of man's life measure not some small growth or rearrangement, or moderation of what he learned in childhood, but a great upheavel ... To assail the changes that have unmoored us from the past is futile and in a deep sense, I think, it is wicked. We need to recognize the change and learn, what resources we have."[11]

E. de Vries und Fromm und viele andere sehen die Ursache dieses beschleunigten Wandels in dem Übergang von der statischen, geschlossenen Gesellschaft zur dynamischen offenen Gesellschaft des 20. Jahrhunderts, bzw. in der „drastischen Veränderung“ [12] innerhalb des Kapitalismus des 19. und 20. Jahrhunderts. Letzteres bezieht sich vor allem auf den Abbau des feudalistischen Prinzips, den Abbau der „irrationalen Autorität“. [13]

Während de Vries in der dynamischen Gesellschaft die Chance für die Ausbildung eines Menschentyps sieht, der durch Neugierde und Mut gekennzeichnet ist und der die Welt erlebt als Einladung zur Begegnung mit dem Unbekannten und zur positiven Konfrontation, sieht Fromm den Menschen des 20. Jahrhunderts eher als „hinausgeworfen von jeglichem bestimmten Platz, von wo er sein Leben und das der Gesellschaft handhaben könnte. Schneller und schneller wird er angetrieben von den Kräften, die er selbst erschaffen. In diesem wilden Wirbel denkt, plant, abstrahiert er, hastig und immer mehr dem konkreten Leben entrückt.“ [14] Diese Entrückung wird von Fromm durch den Begriff Entfremdung näher ausdifferenziert: „Die Entfremdung, wie wir sie in der modernen Gesellschaft finden, ist beinahe total. Sie durchdringt die Beziehung des Menschen zu seiner Arbeit, zu den Dingen, die er verbraucht, zu seinen Mitmenschen und zu sich selbst. Der Mensch hat eine Welt von Dingen aus Menschenhand geschaffen, wie sie es niemals vorher gegeben hat. Er hat eine komplizierte Gesellschaftsmaschinerie errichtet, um den von ihm aufgebauten technischen Apparat zu verwalten. Dennoch steht diese, seine eigene Schöpfung hoch über ihm. Er empfindet sich nicht als Urheber und Mittelpunkt, sondern als den Diener eines Golem, den seine Hände erschaffen haben. Je gewaltiger und riesenhafter die Mächte sind, die er entfesselt, desto ohnmächtiger fühlt er sich selbst als menschliches Wesen.“ [15]

Was hier von Fromm aufgezeigt wird, haben Gaspari und Millendorfer empirisch in ähnlicher Weise festgestellt: Nach einer Repräsentativerhebung in Österreich fühlten sich 72 % der Bevölkerung äußeren Zwängen ausgeliefert „wie ein Zahnrad in einer riesigen Maschinerie“. [16]

Das Ausgeliefertsein an die Daseinsapparatur und die fast vollkommene Störung der kommunikativen Beziehungen zwischen dem Verwaltungsapparat und den Menschen wird schon in der Schule spürbar. Hier findet eine stark hierarchische Kommunikation statt, entgegen den oft anders lautenden Beteuerungen. Dieser Zustand setzt sich fort in der Verwaltung, die Max Weber „die Herrschaft im Alltag“ nannte. [17] Die Verwaltungsapparatur, die eigentlich für den Bürger da zu sein hätte, wird nicht als Hilfe, sondern als Bedrohung empfunden. Die fortschreitende Bürokratisierung verstärkt das Gefühl der Ohnmacht und macht den Apparat immer weniger durchschaubar. Die Kommunikation zwischen Bürger und Verwaltung ist trotz gelegentlicher parteipolitischer Bemühung gestört. Es fehlen Kommunikationsmöglichkeiten und Kommunikationsmodelle für Bürger und Verwaltung. Vor allem die Formalisierung der Kommunikation, die hier besonders ausgeprägt ist, macht zwischenmenschliche Beziehungen äußerst schwierig.

Die Bedrohung, die die steigende Komplexität des heutigen Daseins mit sich bringt, kann bei vielen Menschen zu einer Überbewertung der individuellen Sicherheit führen. Von 15 verglichenen westlichen Ländern stehen Deutschland und Österreich an der Spitze mit den Anteilen des Bruttonationalproduktes für die soziale Sicherheit. Der Glaube an positive Veränderungen in der Zukunft ist z. B. in Österreich äußerst gering. Von 12 miteinander verglichenen westlichen Ländern steht Österreich mit dem Glauben an eine glückliche Zukunft an letzter Stelle. [18]

Die Anforderungen, die durch die beschleunigte Veränderung an den Menschen von heute gestellt werden, können auch durch Bejahung und positiver Einstellung zu dem Geschehen gemeistert werden. Es gibt Menschen, Gruppen und Institutionen, die diese Änderung bejahen, sogar tragen und stimulieren. Aber wieder andere fühlen sich bedroht, zeigen Widerstände, versuchen die Veränderungen zu bremsen, zu verhindern. Und wieder andere können diese Änderungen nicht mitvollziehen, sie wissen nicht mehr wie und woran sie sich orientieren sollen. Van der Meiden erklärt diese Vorgänge durch ein Schema von Bedürfnissen. Er unterscheidet drei Grundbedürfnisse:

1. Progression – Änderung – Wachstum – Rettung
2. Kontinuität – Sicherheit – Geborgenheit
3. Partizipation – Beteiligung – Aktion. [19]

In bestimmtem Ausmaß suchen alle diese Bedürfnisse Befriedigung. Es scheint aber, als gelinge es den Menschen nicht oder nur sehr schlecht, eine Art Gleichgewicht in der Befriedigung dieser Bedürfnisse herbeizuführen. Es gibt Menschen, die nur die eine, oder nur die andere Bedürfnisskala zu akzentuieren vermögen, daß z. B. die Schwerpunkte nur auf Änderung oder nur auf Kontinuität gelegt werden. Wobei diese Akzentuierung dann meist unter dem Druck der gesellschaftlichen Änderungssituation geschieht. Durch diese Schwerpunktsetzung, die eben in verschiedenen Menschen verschieden gehandhabt wird, kommt es in den zwischenmenschlichen Beziehungen zu Polarisierungen. Diese Polarisierungen wiederum machen die Kommunikation äußerst schwierig.

Gerade dieses letzte Phänomen begegnet uns ständig in unseren Trainings, in denen die Teilnehmer aus verschiedenen Berufen, Altersgruppen und verschiedenen soziologischen Hintergründen stammen. Als Beispiel möge die unterschiedliche Interpretation eines gleichen Symbols durch zwei Trainingsteilnehmer dienen: Ein rächender, drohender, bestrafender Gott, dem der

Mensch alles zu opfern hat, der aber eben Gott ist, wurde von einer älteren Klosterschwester in dem Vogelsymbol eines Films gesehen. Das gleiche Symbol war für einen jungen Mönch das Böse schlechthin.

Nach unserer Sicht führt die beschleunigte Veränderung zu einer zunehmenden Differenzierung und Verkomplizierung. Es wird dem einzelnen immer schwerer, ja vielfach unmöglich, die Zusammenhänge zu durchschauen, sich zu orientieren und sich situationsgerecht zu verhalten. Das gleiche Phänomen zeigt sich in den Kommunikationsprozessen. Wir sind aber nicht der Meinung, daß der einzelne vor der Komplexität resignieren muß, ihr ohnmächtig gegenübersteht, sondern sehen vielmehr eine vermehrte Chance zur Selbstverwirklichung innerhalb der Komplexität. Allerdings kann dies oft nicht ohne Unterstützung, Anleitung und Bestätigung geschehen. Und eben darin sehen wir die Möglichkeiten für unsere Kommunikationstrainings.

1.3 Die Informationsüberflutung als gesellschaftliches Problem

Die Informationsüberflutung ist zu einem weitdiskutierten Schlagwort geworden, mehr noch, zu einem Stück unbewältigter Gegenwartsproblematik. Man spricht von einer Informationsexplosion. „Jeder normale Arbeitstag umfaßt in etwa 2000 mündliche Nachrichten ... Wir nehmen im Durchschnitt ... nur rund 500 dieser 2000 Nachrichten auf." [20] „Es gibt eine Flut von Informationen, manchmal disparat und von der Art, daß der Empfänger sie nicht verarbeiten kann und deshalb nicht orientiert, sondern eher desorientiert wird." [21]

Das hier anklingende Problem der Desorientierung durch zu viel und nicht verarbeitete Information, wird auch von Bolte und Aschenbrenner ausdifferenziert: „Die uns berührenden Informationen sind nun allerdings häufig in keiner Weise geordnet, und der einzelne ist bei der zunehmenden Differenziertheit des Wissens auch immer weniger in der Lage, solche Ordnung vorzunehmen. So haben wir ein immer größer werdendes Splitterwissen über tausenderlei Vorgänge, die wir nicht unmittelbar miterleben. Es bildet sich in unserem Kopf allmählich eine „Erfahrung zweiter Hand", ein abstrakter Zusammenhang von gelesenen und gehörten Informationen aus fast allen Sektoren des Erdballs. Jeder trägt „eine imaginäre Welt unsinniger Informationsbestände mit sich herum, die nur locker zusammenhängen, die nur aus Umrissen von Resultaten und Vorgängen bestehen, deren objektive Wichtigkeit und wirkliche Substanz man unmöglich selbst beurteilen kann, die aber dringlich und aktuell zu sein scheinen ... Der einzelne der auf solche „Erfahrungen zweiter Hand" angewiesen ist und nicht gelernt hat, die auf ihn, aus verschiedenen Quellen zukommenden Informationen und Kommentare zu vergleichen und abzuwägen, gerät damit in die Gefahr einer zufälligen, einer unvollständigen und manipulierten (einer gefilterten und gelenkten) Information. An die Stelle eines wirklichen Wissens von den Verhältnissen tritt häufig ein verzerrtes und verallgemeinertes Bild der Wirklichkeit." [22]

Hier wird ein neues Problem angeschnitten, das der Manipulation durch Information. Die Möglichkeit der Manipulation vergrößert sich naturgemäß durch die Desorientierung und die Verarbeitungsschwierigkeiten. Roland Huntford zeigt in seinem Buch „Wohlfahrtsdiktatur" am Beispiel Schweden die krasse Manipulation eines Volkes zum Wohlstandsvolk auf. Er meint in seiner Studie, „daß die verhältnismäßig grobschlächtige Beeinflussung mittels Fernsehen und bisher üblicher Erziehung außerordentliche Möglichkeiten bietet, wenn nur beide unter wirkungsvoller zentralitischer Kontrolle stehen". Sie können bewirken, daß ein Volk als ganzes ziemlich einheitlich „eine Abneigung gegen die Individualität, ein Naturtrieb zum Kollektiv, ein Argwohn gegenüber parlamentarischen Einrichtungen, eine Verehrung des Staates und eine Vorliebe für eine Regierung durch Beamte statt durch Politiker" [23], zeigt.

Auch Fromm spricht von der Manipulation des Geschmackes. Der Mensch „wünscht zu sehen und zu hören, was zu wünschen ihm eingeblasen wird". [24]

Ein weiterer Faktor der Informationsüberflutung ist das Machtproblem. Wer über Informationen verfügt, oder aber über gewaltige Verbreitungsmöglichkeiten, wie sie die Massenmedien heute bieten, besitzt Macht. Je exklusiver die Information ist, desto mächtiger wird der, der sie besitzt. Galbraith verdeutlicht dies am Beispiel des Forschers E. Fermi. „Als Enrico Fermi in Los Angeles die Atombombe mitentwickelte, fuhr er mit einem Fahrrad zur Arbeit, während Generalmajor Leslie R. Groves recht grandios über den gesamten Manhattan-Distrikt präsidierte, aber Fermi hatte das letzte Wort in zahlreichen Fragen der Technik und Entwicklung. Zusammen mit einer Handvoll anderer hätte er in verschiedenen Stadien der Arbeit das ganze Projekt zu Fall bringen können. Groves hatte nicht diese Macht." [25]

Wir haben die Probleme der Desorientierung, der Verarbeitungsschwierigkeit, der Manipulation und der Machtausübung im Zusammenhang mit der Informationsüberflutung kurz angeschnitten. Diese Problemkreise begegnen uns immer wieder in unseren Trainings und wir versuchen einen Beitrag zur Bewältigung dieser Phänomene zu geben. Ähnlich wie Stemerding, der sagt, daß der einzelne befähigt werden muß, aus dem Informationsangebot seine Wahl zu treffen, um daraus seine persönliche Stellungnahme zu machen. [26]

Durch diese Befähigung kann dann das Informationsangebot Orientierungshilfen bieten. Weiter versuchen wir aber Verarbeitungsmöglichkeiten aufzuzeigen und kritische Stellungnahme zu ermöglichen. Gelingt dies, so kann das Informationsangebot tatsächlich der zwischenmenschlichen und gesellschaftlichen Kommunikation dienen, unter Ausschaltung der manipulativen Komponente. Voraussetzung allerdings wäre die weitgehende Ausschaltung der manipulativen Komponente zumindest aber auch die Befähigung des einzelnen zum Erkennen manipulativer Techniken.

1.4 Die Pluralität der Weltanschauungen

Die Geschlossenheit, die unsere frühere Gesellschaft prägte, ist aufgebrochen. Weltanschauungen und Lebensdeutungen, die allumfassend sind, gibt es nicht mehr. Dies soll nicht aussagen, daß es früher nicht ebenfalls mehrere Weltanschauungen gab. Sie existierten aber in geschlossenen Gebieten (cuius regio, eius religio) nebeneinandern. Konflikte waren vorwiegend Großgruppenkonflikte. Bolte und Aschenbrenner schreiben hierzu: „Die Pluralität der heutigen Gesellschaft kommt sehr deutlich auch im Bereich der Werte und Verhaltenszumutungen zum Ausdruck. Unter ‚Werten' sollen dabei Konzeptionen vom letztlich als wünschenwert und erstrebenswert Erachteten verstanden werden. Im Verlauf der Reformation und des Säkularisierungsprozesses haben die früher von der allumfassenden Kirche ausgehenden Tendenzen zur Werteinheit abgenommen. Außerdem machten die (sich zur Zeit immer mehr verstärkenden) Kontakte mit Menschen, die keinen europäischen oder christlichen Kulturhintergrund haben, zunehmend Menschen unserer Gesellschaft mit neuen und anderen ‚Werten' bekannt und enthielten eine Tendenz zur Relativierung der eigenen Werte. Um die heutige Zeit zu verstehen, gilt es zu erkennen, daß eine Vielzahl von Werten nebeneinander z. T. untereinander in Konkurrenz stehen." [27]

Heute ist eine Relativierung der Weltinterpretation in so hohem Ausmaß vorhanden, daß keine Weltanschauung einen Absolutheitsanspruch aufrecht erhalten kann. Dies gilt auch für die marxistisch-leninistische Weltanschauung z. B. Rußlands, die nicht nur von Denkern wie Sacharow und Solchenyzin in Frage gestellt wird. Ein Bericht vom 15. Weltkongreß der Philosophie in Varna 1973 läßt dieses klarer werden, wo immer wieder von „ideologischer Koexistenz" gesprochen wird. [28]

Der holländische Philosoph R. Kwant erklärt Pluralisierungsprozesse auf folgende Weise: Menschen- und Gesellschaftsbilder sind faktisch normativ. Sie betreffen das, was der Mensch bzw. die Gesellschaft ist und was sie sein soll. Wenn wir miteinander kommunizieren, formulieren wir Inhalte und teilen sie mit. Dabei fühlen, denken und sprechen wir auf eine ganz bestimmte Weise, ohne uns zu realisieren, warum wir gerade so und nicht anders agieren. Hinter diesem bestimmten Agieren steckt, so meint Kwant das „existierende" Menschen- bzw. Gesellschaftsbild. Sie bestimmen implizit jede Verbalisierung der Mensch- und Gesellschaftsauffassung. Im Gegensatz dazu stehen die „gesprochenen" Weltanschauungen, d. h. hier wird explizit vom Menschen selbst das Menschen- bzw. Gesellschaftsbild, das er hat, verbalisiert; es werden Deutungen gegeben, Werte ausgesprochen und Normen formuliert, die Denken, Tun und Handeln regulieren.

Als dritte Form der Weltanschauung sieht Kwant „besprochene" Welt- und Gesellschaftsbilder. Es sind dies reflektierte, durchdachte und meist jahrhundertelang praktizierte Mensch- und Gesellschaftsbilder. Man findet sie in statischen, geschlossenen Gesellschaften und Kulturen. Die Werte sind festgelegt und sozial standardisiert. Normen für Denken und Handeln werden zum größten Teil von allen Mitgliedern der Gesellschaft akzeptiert.

Nun meint Kwant, daß der heutige Pluralisierungsprozeß vor allem durch diese „besprochenen" Weltanschauungen hervorgerufen wurde. Denn die meisten so festgelegten Weltanschauungen haben sich von den eigentlichen Quellen ihres Ursprungs entfernt und isoliert; das, was als Wahrheit angesehen wurde, kann heute nicht mehr nachempfunden werden. Die Folge dieses Prozesses ist, daß die betreffende Weltanschauung selbst diskutiert und zugleich realisiert wird. Ein Beispiel für diesen Vorgang ist die Diskussion über den Katholizimus, wie sie vor allem in Holland stattgefunden hat.

Kwant lehnt jedoch feste Menschenbilder keineswegs ab. Der Mensch braucht ein Bild, mit dem er sich selbst konfrontieren kann. [29] Er braucht eine „überlegte Zielvorstellung", wie Mitscherlich es formuliert, denn Menschen ohne eine überlegte Zielvorstellung vermeiden schmerzliche Konfrontationen mit sich selbst und leben in Ruhe mit falschem Bewußtsein weiter. [30]

Dieses „Menschenbild", wie Kwant sagt und diese „überlegte Zielvorstellung", die sich nach Mitscherlich jeder bilden sollte, ist aber nach unserer Meinung in einer Zeit der sich beschleunigenden Veränderungen nicht statisch, sondern dynamisch zu sehen. Dies bedeutet, daß jeder immer wieder bereit sein muß, sein eigenes Menschen- bzw. Weltbild und seine eigene Zielvorstellung in Frage zu stellen. Dieser dynamische Aufbau erfolgt durch Konfrontation mit sich selbst und seinen neugewonnenen Erfahrungen und mit den anderen und deren Erfahrungen.

Damit Konfrontation fruchtbar wird, bedarf es des Dialoges und der Ausbildung einer Dialogfähigkeit. Diese Konfrontation und die damit verbundene Forderung des Aufbaus einer dynamischen Identität ist für viele Menschen eine Überforderung und Bedrohung. Sie finden in der Kommunikation nicht die Impulse, die ihnen dies erleichtern würden. Damit steigt das Bedürfnis nach Sicherheit und Geborgenheit in einer einheitlichen Ordnung. Hier liegt aber eine doppelte Gefahr:

- einerseits werden die kreativen Möglichkeiten, die in einer pluralen Gesellschaft liegen, nicht wahrgenommen,
- andererseits ist die Gefahr eines weltweiten Konformismus einer Wohlfahrtsgesellschaft gegeben.

In letzterem liegt auch die Gefahr der immer größer werdenden Nivellierung der Individualität, die schon Aldous Huxley in seinem Buch „Schöne neue Welt“ [31] voraussagte, und die nach R. Huntford zumindest in Schweden schon weitgehend stattgefunden hat.

1.5 Konflikteinstellungen und Konfliktverhalten

J. Galtung [32], H. Seifert und J. Clinebell [33], L. A. Coser [34] und andere zeigen auf, daß die traditionelle Auffassung von Konflikten vorwiegend negativ war. Wie z. B. T. Parsons [35], der dem Konflikt als „dysfunktional und auflösend“ betrachtet, sehen auch G. A. Lundberg [36] und W. L. Warner [37], sowie K. Lewin [38] und seine Schüler, um nur einige Beispiele zu nennen, den Konflikt als desintegrierendes Phänomen. Diese Forscher betrachten „vor allem die emotionalen Faktoren, die Verstehen und Kommunikation blockieren. Sie neigen dazu, die echten Konflikte, die möglicherweise dem „blockierten Verstehen“ zugrundeliegen, zu übergehen“. [39]

In großen industriellen Organisationen herrscht ebenfalls das negative Bild des Konfliktes vor. Hier sind allerdings weniger die emotionalen Faktoren des Konfliktes wichtig für diese Sicht, sondern das Interesse an der Aufrechterhaltung der bestehenden Ordnungen und Strukturen. Auch bei dieser Gruppe werden, wenn auch aus anderen Motiven, diejenigen Aspekte, die dem Konfliktverhalten zugrunde liegen, nicht beachtet. Denn bei anderer Denkungsart könnte sich die Notwendigkeit zeigen, „die Grundstrukturen der Institution selbst zu verändern“. [40]

Galtung charakterisiert diese allgemeine Verurteilung von Konflikten als eine Denkungsart, die durch Jahrhunderte im Abendland herangebildet wurde. Konflikte waren stets Verstöße gegen die Normen der Liebe, der Ordnung und Harmonie. Zwangsläufig mußte daher zur Herstellung der „Ordnung“, der Gegner, derjenige also, der den Konflikt verursachte, eingeordnet oder beseitigt werden. Die Folge waren Machtkämpfe, Kriege,

Exkommunikationen und Liquidationen jener Personengruppen und Institutionen, die die Ordnung störten. Sah man Harmonie und Liebe gestört, so wurde der Konflikterzeugende entweder zum Sünder abgewertet, oder der Konflikt wurde mit dem „Mantel der Liebe“ zugedeckt oder ganz ignoriert. Meistens wirkte der Konflikt selber aber unterschwellig weiter. Konfliktvermeidungsstrategien aber wurden immer weiter perfektioniert.

Heute tritt langsam immer stärker die positive Bewertung von Konflikten in Erscheinung. Es wird eingesehen, daß Konflikte unvermeidlich sind, ja daß sie sogar fruchtbar gemacht werden können. G. Simmel hat dies in seinem Aufsatz „Der Streit“ schon 1908 recht deutlich formuliert. Er schreibt: „Konflikt und Kooperation haben soziale Funktionen. Weit davon entfernt, notwendig dysfunktional zu sein, ist ein gewisses Maß an Konflikt ein wesentliches Element für die Gruppenbildung und den Bestand des Gruppenlebens.“ [41]

Eine positive Einstellung zum Konflikt, verändert auch die Einstellung zum Konfliktverhalten, ermöglicht darüber hinaus die Konfliktanalyse und erleichtert die Konfliktlösung. Heute sieht man Konflikte oft als Ursache, Folge und Begleiterscheinung von Änderungsprozessen. Sie sind nach Galtung „das Salz der Erde“, energieerzeugende Kräfte, Motor und Dynamik der Änderung von Mensch und Gesellschaft. L. A. Coser kommt in seiner umfassenden Studie zur „Theorie sozialer Konflikte“ zu dem Ergebnis, „daß Konflikt dazu neigt, für eine soziale Struktur dysfunktional zu sein, in der es keine oder nur eine ungenügende Tolerierung und Institutionalisierung von Konflikt gibt“. [42] Die Konsequenz ist dann, daß durch diese Starrheit des betreffenden Systems, ein Konflikt so vehement werden kann, daß er die Struktur des Systems zu zerstören droht oder gar zerbricht.

Bevor wir näher auf den Stellenwert, den der Konflikt in unseren Trainings hat, eingehen, soll auf die Definition von Konflikt, die für uns relevant ist, näher eingegangen werden. Wir halten uns dabei weitgehend an die von Galtung ausgearbeitete Definition. Galtung definiert Konflikt als „die Unvereinbarkeit von Zielsetzungen oder Werten und Normen, die die von einem Konflikt betroffenen Parteien oder „Akteure“ in einem sozialen System verfolgen. Dieses bedeutet mit anderen Worten, daß das, was ein Akteur oder ein Teil eines Akteurs realisieren möchte, ganz oder teilweise das ausschließt, was ein anderer Akteur oder ein anderer Teil eines Akteurs erreichen will. Anders ausgedrückt: Es gibt zumindest zwei Zielsetzungen, die nicht gleichzeitig realisiert werden können; die eine steht der anderen im Wege. Dazu ist anzumerken, daß dabei nicht unbedingt an eine gleichzeitige Verwirklichung gedacht werden muß, da der Konflikt nicht weniger vorhanden ist, wenn die

Erfüllung meines Strebens in eine bestimmte Richtung heute die Erfüllung meines oder eines anderen Strebens in eine andere Richtung morgen ausschließt."

Je nach der Anzahl der beteiligten Personen können auch verschiedene Arten von Konflikten unterschieden werden:

1. Intrapersonale Konflikte. Sie kommen aus der Ambivalenz in einer Person selbst.
2. Interpersonale Konflikte. Sie entstehen aus den unterschiedlichen Interessen, Bezugssystemen und Bedürfnissen von mindestens zwei Personen.
3. Intra-Gruppenkonflikte. Diese entwickeln sich aus den unterschiedlichen Interessen, Bedürfnissen, Zielen von Mitgliedern ein- und derselben Gruppe.
4. Inter-Gruppenkonflikte. Sie kommen aus den unterschiedlichen, einander ausschließenden Zielen von verschiedenen Gruppen.
5. Intra-nationale Konflikte. Sie entstehen durch einander ausschließende Ziele von Großgruppen, z. B. die Konflikte zwischen Regierung und Opposition.
6. Internationale Konflikte. Diese entstehen aus den unterschiedlichen divergierenden Interessen und Zielen von Nationen.

Diese Arten sind keineswegs immer nebeneinander festzustellen, sie können auch einander durchdringen. So wirkt sich häufig ein intrapersonaler Konflikt durch Projektion als interpersonaler Konflikt aus. Mitscherlich vertritt sogar die Meinung, daß in Inter-Gruppen sowie in intra- und internationalen Konflikten Projektionen von intrapersonalen Konflikten mitspielen. [43]

In unseren Trainings haben wir daher in Anlehnung an das, was über die positive Einstellung und Bewertung von Konflikten im Vorhergehenden geschildert wurde, nicht versucht, Konflikte zu vertuschen, sondern das Aufheben und Austragen von Konflikten unterstützt. Mit Seifert und Clinebell sind wir der Meinung, daß Konflikte die Ich-Identität und die Autonomie der beteiligten Personen und Gruppen stärken. [44] Konflikte können die Luft klären und lassen die wirklichen Hintergründe und Beziehungen „zu Tisch kommen". Ein ausgetragener Konflikt läßt die Dinge, um die es eigentlich geht, deutlicher werden. Das genügt aber nicht. Der Konfliktinhalt muß explizit gemacht werden. Es muß darüber hinaus auf seine Ursachen, Eigenheiten und Konsequenzen für den betreffenden Menschen und u. U. für die Gesellschaft bzw. das soziale Umfeld eingegangen werden.

2 Aufgaben und Ziele des Kommunikationstrainings

Am Anfang eines jeden Kommunikationstrainings fragen wir die Teilnehmer nach ihren Erwartungen und Wünschen. Dabei hören wir immer wieder:

„Ich möchte den anderen für meine Ziele gewinnen lernen."

„Ich brauche mehr Sicherheit in der Argumentation und ich möchte schlagfertiger werden."

„Ich will in meinem Betrieb einiges ändern, aber ich komme nicht durch."

„Die jungen Leute bei mir wollen immer wieder die Dinge anders machen; ich weiß nicht mehr, ob ich noch richtig liege."

„Ich habe so viel Probleme mit meinen Mitarbeitern. Die verstehen mich nicht und ich verstehe sie auch in vielen Fällen nicht."

„Ich möchte Manipulationstechniken durchschauen lernen."

„Oft habe ich viel bessere Ideen und Argumente und ein anderer legt mich mit irgendeinem Trick hinein. Ich möchte lernen, daß mir das nicht mehr passiert."

„Mir sagt niemand etwas, ich möchte wissen woran das liegt."

„Ich möchte mich und den anderen besser verstehen lernen."

„So viele Informationen stürmen auf mich und meine Mitarbeiter ein. Wie kann ich mich da noch zurechtfinden?"

„Der Informationsfluß in unserem Betrieb funktioniert nicht. Wie kann ich das verbessern?"

„Mit manchen Leuten, die für mich wichtig sind, kann ich nicht reden. Ich verstehe sie nicht, ich weiß nicht warum. Ich möchte hier eine Antwort und eine Hilfe bekommen."

„Ich möchte über mich selbst etwas lernen und erfahren, wie ich mich weiterentwickeln soll."

„Ich muß ein Team leiten, aber das funktioniert nicht recht. Ich möchte lernen, was ich machen soll, damit dies geht."

„Man hört nicht auf mich."

Wenn wir diese Erwartungen näher untersuchen, dann finden wir darin immer wieder die Kennzeichen der oben beschriebenen gesellschaftlichen Situation, die sich in den persönlichen Schwierigkeiten und Bedürfnissen niederschlagen, darüber hinaus aber auch persönliche Grundbedürfnisse. So zeigt sich nach unserer Auffassung die Konkurrenzgesellschaft in den Wünschen „ich möchte schlagfertiger werden", „Ein anderer legt mich mit seinen Tricks hinein" oder das Phänomen der beschleunigten Veränderung, wenn gesagt wurde „Die jungen Leute wollen Dinge anders machen und ich weiß nicht mehr, ob ich richtig liege". Es zeigt sich aber auch die pluriforme Gesellschaft und die Schwierigkeiten in der Kommunikation darin, wenn gesagt wurde „Mit manchen Personen, die für mich wichtig sind, kann ich nicht reden, ich verstehe sie nicht“. Die Informationsüberflutung wird deutlich in Aussagen wie „Zu viel Informationen stürmen auf mich ein, wie kann ich mich da noch zurechtfinden.“

Das persönliche Bedürfnis nach Anerkennung zeigt sich in Sätzen wie „Man hört nicht auf mich“ oder der Wunsch nach Selbstverwirklichung wird deutlich in der Erwartung „Ich möchte selbst etwas mehr über mich lernen, um mich weiter entwickeln zu können“.

Das Kommunikationstraining hat sich zum Ziel gesetzt, die Bedürfnisse des einzelnen damit aber auch Grundbedürfnisse einer Gesellschaft zu befriedigen. Dabei kann es sich als notwendig erweisen, die gesellschaftliche Situation zu ändern, wenn dadurch erst die Selbstverwirklichung des einzelnen, der Gruppen und der Gesellschaft möglich wird.

Im einzelnen sehen wir folgende Zielrichtungen:

a) Kommunikative Prozesse diagnostizieren, d. h. erkennen und werten zu lernen

b) Kommunikative Einstellungen und kommunikatives Verhalten so zu entwickeln, daß die zwischenmenschlichen Beziehungen fruchtbarer und befriedigender werden.

Diagnosefähigkeit und kommunikatives Verhalten zusammen bilden das, was wir *kommunikative Kompetenz* nennen.

Die Diagnose von Kommunikationssituationen ist die Voraussetzung, aus der heraus situationsgemäßes kommunikatives Verhalten kommt. Dieses Verhalten allerdings ist nicht Selbstzweck, sondern dient dem übergeordneten Ziel jeder Kommunikation, das wir in der Verwirklichung des einzelnen (Selbstverwirklichung) und in der von Klein- und Großgruppen sehen. Die weltanschauliche Implikation dieses Zieles liegt in der Grundannahme, daß der einzelne, die Gruppe und die Gesellschaft mehr sein können als sie sind. Wir sind der Meinung, daß der einzelne durch die Veränderung seiner selbst auch die Gesellschaft mitverändert, daß andererseits aber auch die Veränderung der Gesellschaft die Veränderung des einzelnen bewirkt. Das Ziel all dieser Veränderungen, die sich nach unserer Auffassung gegenseitig bedingen, ist die Weiterentwicklung des einzelnen und der Gesellschaft. Diese Weiterentwicklung ist für uns ein kreativer Prozeß. Wir haben immer wieder festgestellt, wie viele latente Potenzen im einzelnen und in Gruppen vorhanden sind und wie sehr diese durch Kommunikation entbunden werden können. Kommunikation ist daher für uns ein Mittel, damit der einzelne, die Gruppen und die Gesellschaft mehr werden können als sie sind. Wir nennen dies die emanzipatorische Intention des Kommunikationstrainings. In diesem Sinne sprechen wir auch von emanzipatorischer Kommunikation. Die Hauptziele des Kommunikationstrainings sind daher *kommunikative Kompetenz* und *emanzipatorische Kommunikation.* Diesen Hauptzielen ordnen wir Detailziele unter, die der Befriedigung der immer wieder festgestellten persönlichen und gesellschaftlichen kommunikativen Bedürfnisse dienen und durch die die Hauptziele erreicht werden sollen.

2.1 Dialogische Kommunikation

„Ich kann mit meinem Chef nicht reden, wenn ich etwas vorschlage, so hört er mir gar nicht zu. Nach 14 Tagen bringt er meinen Vorschlag als eigene Idee. Was soll ich tun?" „Ich soll mit jemand zusammenarbeiten, aber wir reden ständig aneinander vorbei. Oft gehen die Gespräche im Kreis, wir kommen keinen Schritt weiter." Dieses und Ähnliches wurde uns immer wieder gesagt. Untersuchten wir die Ursachen dieser Kommunikationsstörung, so fanden wir sie unter anderem darin, daß Partner wohl miteinander reden, daß aber beide Monologe halten. Wenn wir Kommunikation als Übermittlung von Inhalten zwischen Personen mit dem Ziel der Verständigung sehen, dann erfolgt in der monologischen Kommunikation die Übermittlung immer nur in eine Richtung, ohne daß das Gesagte von anderen aufgenommen und weitergeführt wird. Mucchielli nennt dies den „Dialog von Tauben". [1]

Besonders häufig ist diese monologische Kommunikation in hierarchischen Strukturen zu finden, wenn also die Kommunikationspartner verschiedenen hierarchischen Ebenen angehören, d. h. verschieden hohe Positionen innehaben. Der Vorgesetzte glaubt, daß er vom Untergebenen nichts zu lernen hat. Für ihn ist der Untergebene nur ein Hörender und damit ein „Höriger". (Dies finden wir sowohl im makro- als auch im meso- und mikrosozialen Bereich. Der makrosoziale Bereich, der durch das soziokulturelle System gegeben ist, bestimmt in vielen Fällen den Meso- und Mikrobereich.) Die monologische Kommunikation kennzeichnet vor allem hierarchisch-absolutistische Gesellschafts- und Herrschaftsordnungen. Sie kennzeichnete historische Epochen, die allerdings heute noch keineswegs überwunden sind. Denn auch heute werden noch in vielen Teilen der Gesellschaft die Menschen unmündig und hörig gehalten. Selbstentfaltung und Selbstverwirklichung ist in diesen Strukturen kaum möglich. Monologische Kommunikation war vielleicht ausreichend in statischen geschlossenen Gesellschaftsordnungen, mit einem nicht in Frage gestellten verbindlichen Katalog von selbstverständlichen Normen und Wahrheiten.

Aber auch in den Familien und in Primärgruppen finden wir noch gelegentlich die Vorherrschaft der monologischen Kommunikation. Es gibt da nur Sprechende und Hörende, aber keinen Rollentausch und damit keine Dialogpartner. Der Sprechende sieht dabei nur sich selbst und seine Bedeutung und fühlt sich dem Hörenden überlegen. Er allein hat dem Anderen etwas zu sagen, der Partner hat nur die Aussagen aufzunehmen und zu befolgen. In der jetzigen gesellschaftlichen Situation ist diese monologische Kommunikation anachronistisch. Denn in einer dynamischen Gesellschaft mit pluralistischen Normen und Wahrheiten, die noch dazu einer ständigen Veränderung unterliegen, ist der Dialog notwendig. Pluralismus verlangt Relativierung des eigenen Standpunktes, Konfrontation mit anderen und Bereitschaft zur Veränderung, verlangt also dialogische Kommunikation.[2]

Dialogische Kommunikation ist aber nicht nur eine Forderung der gegenwärtigen gesellschaftlichen Entwicklung, sondern auch eine Forderung, die sich aus dem Menschenbild ergibt, das wir besitzen. Dialogische Kommunikation wirkt emanzipatorisch, sie ermöglicht die Selbstentfaltung und die Selbstverwirklichung, denn „der Mensch wird durch das Du zum Ich" (M. Buber). Gerade im meso- und makrosozialen Bereich zeigt sich immer deutlicher, daß eine Kommunikation von unten nach oben ebenso wichtig ist, wie eine von oben nach unten. Es kann nicht mehr einer allein alle Kenntnisse und Fertigkeiten, die für Führungspositionen notwendig sind, besitzen. Kooperative Führung und damit Eingehen aufeinander ist notwendig. Dieses Führungsprinzip verlangt dialogische Kommunikation.

Auch im mikrosozialen Bereich wird durch die Veränderung der Beziehung zwischen Eltern und Kindern der Dialog immer notwendiger. Die partnerschaftliche Ehe und die partnerschaftlichen Familien sind durch den Dialog charakterisiert. Der Dialog heißt hier, daß die Partner einander ernstnehmen, respektieren und bereit sind, von einander zu lernen. Es bedarf dazu der Offenheit, der Bereitschaft auf den anderen einzugehen, sich selbst einzubringen und sich selbst zu ändern. Dann erst wird Kommunikation kreativ. „Der Mensch ist nicht in seiner Isolierung, sondern in der Vollkommenheit von Beziehung zwischen ihm und dem anderen anthropologisch existent ... das Dialogische ist nicht beschränkt auf den Umgang von Menschen miteinander: es ist ... eine Haltung der Menschen einander gegenüber, welche in ihrem zwischenmenschlichen Verkehr zum Ausdruck kommt." [3]

Die Dialogische Kommunikation ist gekennzeichnet durch gegenseitiges Akzeptieren der Kommunikationspartner *und* durch Konfrontation. Um dialogische Kommunikation zu lernen ist es daher notwendig, daß die Kommunikationspartner sich selbst und den anderen als Partner akzeptieren, damit die Konfrontation fruchtbar werden kann. Um sich und den anderen akzeptieren zu können ist es notwendig, sich und den anderen zu kennen. Also ein adäquates Bild von sich selbst und den anderen zu besitzen. Selbstbild und Fremdbild sind entscheidende Kommunikationsfaktoren.

2.1.1 *Das Selbst- und Fremdbild in der dialogischen Kommunikation*

Dieses Bild entstand im Laufe des Lebens eines jeden einzelnen aus der Selbstwahrnehmung und aus der Wahrnehmung der Reaktionen der Kommunikationspartner. Dieses Bild ändert sich, wie wir feststellen konnten, im Laufe eines Kommunikationstrainings [4] (vgl. die Darstellung der Effektivitätsmessung von Kommunikationstrainings). Auf diesem Bild ruht das Selbstverständnis, die Art und Weise, wie sich jemand interpretiert. Das Selbstverständnis kann je nach den Kommunikationspartnern und der Kommunikationssituation verschieden sein. Der Videorecorder führt zur massiven Konfrontation mit dem Selbstbild. Diese Konfrontation bewirkte auch in vielen Fällen die Änderung des Selbstbildes und leitete den Prozeß der Selbstannahme ein. Für die dialogische Kommunikation ist das „Ja" zu dem Selbstbild und damit die Selbstannahme wesentlich. Erfolgte die Annahme des Selbstbildes, dann sprechen wir von einem Selbstverständnis. Zu dem Selbstverständnis, wie auch dann zu dem Fremdverständnis gehört das Wissen um die Lebensgeschichte, die Lebenserfahrung, das Bezugssystem und die Weltanschauung. [5] Jeder Mensch hat eine nur ihm eigene Vergangenheit, jeder hat seine Lebensgeschichte, die sich von der eines anderen Menschen wesentlich unterscheidet. Diese Lebensgeschichte prägt. Ein Ergebnis dieser Lebensgeschichte ist das Bezugssystem, das sich in den Wertungen, Normen und ähnlichem zeigt. Es ist ein System, das dem Denken, Urteilen und Handeln Richtung gibt. Häufig wird dieses Bezugssystem vom einzelnen als absolut gesehen, und es wird nur *der* Mensch als Kommunikationspartner akzeptiert, der ein weitgehend ähnliches Bezugssystem besitzt. Menschen mit anderen Bezugssystemen werden vielfach abgewertet. Die Relativierung des eigenen Bezugssystems ist für kreative dialogische Kommunikation erforderlich.

Für die Kommunikation ist es wichtig zu wissen, daß das Bezugssystem von der Lebensgeschichte abhängt und daher die Bezugssysteme der Menschen grundsätzlich verschieden sind. Daraus – und dies ist ein Ziel auch des Kommunikationstrainings – wird die Relativität des eigenen Bezugssystems erkannt und das Interesse für die Bezugssysteme anderer Menschen und deren Hintergründe geweckt. Auch die Einfühlung in verschiedene Bezugssysteme wird stimuliert.

Jedes Bezugssystem ist auch Ausdruck einer Weltanschauung. Unter Weltanschauung verstehen wir „ein System der Deutung und Sinngebung des Lebens und der Ereignisse der eigenen Umwelt". Das Bewußtmachen der Bedeutung und Berechtigung unterschiedlicher Bezugssysteme und Weltanschauungen ermöglicht neue Sinnerfahrung. [6]

Das Selbstbild stimmt meist nicht mit dem Bild überein, das der Kommunikationspartner von einem besitzt. Je mehr die Bilder – das Bild, wie einer sich selbst sieht und das Bild, wie einen der andere sieht – differieren, um so schwieriger wird die Kommunikation. Dazu kommt, daß noch ein drittes Bild mitspielt, nämlich das, wie einer glaubt, daß ihn der andere sieht.

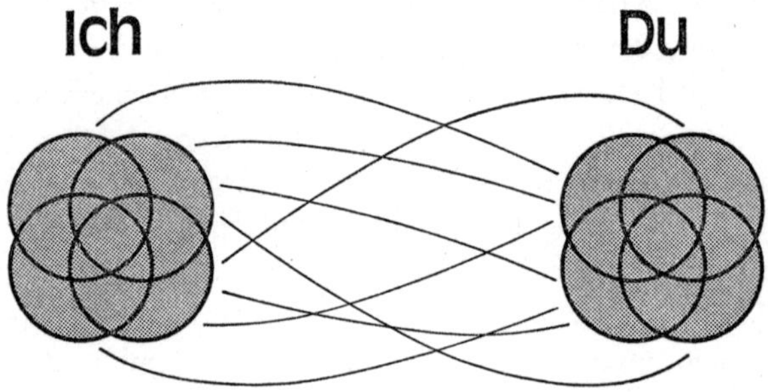

1. Selbstbild: Wie ich mich selbst sehe.
2. Wunschbild: Wie ich möchte, daß mich der andere sieht.
3. Vermutetes Fremdbild: Wie ich glaube, daß mich der andere sieht.
4. Fremdbild: Wie mich der andere tatsächlich sieht.

1. Selbstbild: Wie der andere sich selbst sieht.
2. Wunschbild: Wie der andere gesehen werden möchte.
3. Vermutetes Fremdbild: Wie der andere glaubt, daß ich ihn sehe.
4. Fremdbild: Wie ich den anderen tatsächlich sehe.

Am Beginn jeder Kommunikation ist jeder bestrebt, sich ein Bild von dem Partner zu machen, aber auch dem Partner ein gewünschtes Bild von sich selbst zu übermitteln. Am Anfang des Kommunikationstrainings mußten wir immer wieder feststellen, daß versucht wird von dem anderen etwas zu erfahren, ohne von sich selbst etwas zu sagen. Das Mißtrauen, das zunächst herrscht, zeigt sich in dem Bemühen, sich selbst möglichst zu verbergen. Es werden nur „ungefährliche" Informationen gegeben.

Allmählich gelingt es ein adäquates Selbstbild und Fremdbild aufzubauen. Dann bedarf es noch der Akzeptierung seiner selbst, so wie man ist, mit seiner Vergangenheit und seiner Gegenwart, sowie der Akzeptierung des anderen in seiner Eigenart, die ebenfalls aus seiner Lebensgeschichte heraus kommt. In

Kommunikationstrainings verfolgen wir dieses Ziel planmäßig sowohl durch die Verwendung des Videorecorders als auch mit Hilfe der Polaritätsprofile, die jeder über sein Ist- und Idealbild, sowie über das Bild, das die anderen von ihm erwarten, auszufüllen hat. Diese Bilder vergleicht er dann mit den Bildern, die die anderen von ihm erhalten haben, die ja ebenfalls über ihn eine entsprechende Eigenschaftsliste erstellen.

2.1.2 Das Harmoniegespräch

Nach der Akzeptierung bedarf es in der dialogischen Kommunikation der Konfrontation. Fehlt diese Konfrontation, so können wir das in beginnender Kommunikation sehr häufig vorzufindende Harmoniegespräch diagnostizieren.

Das Harmoniegespräch hat das Ziel, Beziehungen herzustellen. (Im Rahmen eines Verkaufsgespräches ist es das sogenannte Kontaktgespräch). Der Austausch bezieht sich diesmal nicht auf Inhalte, die extrem gegensätzlich beurteilt werden, sondern auf solche, über die man voraussichtlich Übereinstimmungen erzielt. Denn die Übereinstimmung im Inhalt vermag Beziehungen und damit Vertrauen herzustellen. Daher ist es ein Kennzeichen des Harmoniegespräches, daß Konfrontationen vermieden werden. [7] Immer dann, wenn verschiedene Anschauungen auftauchen, wird das Thema gewechselt. Die Selektion im Gespräch erfolgt im Bezug auf die Inhalte, denen zugestimmt werden kann. Diese werden aufgegriffen und weitergeführt. Bei Parties bzw. überall dort, wo Konversation gemacht wird, ist das Harmoniegespräch anzutreffen. Für dieses Harmoniegespräch gibt es gewisse Rituale. Konflikte werden darin planmäßig vermieden. Die Kommunikationspartner anerkennen einander, Komplimente werden ausgetauscht. Die bevorzugten Themen sind das Wetter bzw. Inhalte der Massenmedien über die eine einheitliche Meinung vorzufinden ist. Die Stereotype der gesellschaftlichen Gruppe, der die Kommunikationspartner angehören, werden einander weiter bestätigt. Gemeinsame Freunde und gemeinsame Feinde sind beliebte Themen. Ein Dialog aber findet dabei nicht statt. Der kommunikative Austausch ist so sehr reduziert, daß in der Regel nur oberflächliche Kommunikation möglich ist. Man könnte daher das Harmoniegespräch eine „Fassadenkommunikation" nennen.

Es ist daher das Ziel des Kommunikationstrainings, diese Fassadenkommunikation möglichst kurz zu gestalten, um zur wichtigsten Form der dialogischen Kommunikation zu kommen, in der Akzeptierung und Konfrontation gleicherweise vorzufinden sind, nämlich zum *verstehenden Gespräch.*

2.1.3 *Das verstehende Gespräch*

Das primäre Ziel des verstehenden Gespräches ist, wie schon der Name sagt, das Verstehen. Wie soll das Zuhören und das Sprechen in einer Auseinandersetzung sein, damit dieses Ziel erreicht wird?

2.1.3.1 Das Zuhören im verstehenden Gespräch

Eines der überraschendsten Erlebnisse für die Teilnehmer eines Kommunikationstrainings ist immer wieder die Erkenntnis, daß sie nicht zuhören können. Wenn man bedenkt, daß 45 % der 10 bis 11 Stunden, die der einzelne im Durchschnitt pro Tag mit Kommunikation verbringt, aus Zuhören besteht, dann ist diese Erkenntnis besonders erschreckend. Zuhören aber, das verstehende Kommunikation zum Ziele hat, verlangt Totalwahrnehmung, also das Aufnehmen der verbalen und nonverbalen Aussage des anderen. Es ist somit etwas sehr Aktives. Genau genommen ist es nicht nur auf das Hören beschränkt, da das Nonverbale über alle Sinnesorgane aufgenommen werden kann. Alle Eindrücke, die auf die verschiedensten Sinnesorgane einstürmen, sind in Beziehung zu setzen und zu integrieren, damit die Gesamtaussage, das was der andere uns eigentlich mitteilt, erfaßt werden kann. Wenn wir im folgenden vom Zuhören sprechen, meinen wir streng genommen die Gesamtaufnahme der Aussage des anderen durch alle angesprochenen Sinne. Das verstehende Gespräch nun verlangt aktives Zuhören. Die Kennzeichen für aktives Zuhören im verstehenden Gespräch sind nach C. Rogers: [8]

a) Bedingungsloses Akzeptieren der Person des Partners. Die Voraussetzung für das Verstehen ist das Ernstnehmen des Partners. Ich werde nur dann seine Aussagen entsprechend hören, wenn ich die Person, die diese Aussagen macht, respektiere. Bedingungsloses Akzeptieren des Kommunikationspartners heißt aber nicht, wie wir später noch darstellen werden, ihm bedingungslos zuzustimmen. Es heißt aber wohl Ernstnehmen was er sagt, zu erfassen versuchen, was er damit meint, und zu überlegen, warum er dies jetzt so sagt. Das Akzeptieren der Person bedingt nur das Eingehen auf das, was der andere sagt, aber keineswegs die Zustimmung zu dem.

b) Empathie. Unter Empathie versteht Rogers einfühlendes Verstehen. Empathie ermöglicht das Herausfinden dessen, was der Partner eigentlich meint, das Erspüren was hinter und zwischen den Wörtern mitschwingt. Empathie hat das Ziel, die eigentliche Aussage des anderen zu erfassen. Dazu ist es notwendig, daß der aktiv Zuhörende vorübergehend sein eigenes Bezugssystem verläßt und „in die Haut des anderen schlüpft"; d. h. den anderen von dessen Bezugssystem, von seiner Welt und seiner Welterfahrung, aus seiner Lebensgeschichte heraus, zu verstehen versucht.

Zu diesen Punkten von Rogers möchten wir noch weitere hinzufügen, die uns für das aktive Zuhören als wesentlich erscheinen.

c) „Das beidohrige Hören". Wir verstehen darunter das totale Hinhören auf den anderen und das was er sagt. In der Regel ist das Hinhören „einohrig". Mit dem einen Ohr hört man auf den Partner hin, mit dem anderen aber in sich hinein, um sofort während des Hörens schon eine Antwort zu finden. Viele Menschen haben Angst, einmal keine Antwort geben zu können. Sie sind daher froh, wenn sie aus der Aussage des anderen den Punkt finden, den sie auch sofort selektieren, auf den sie erwidern können. Dies hindert aber in vielen Fällen das zu hören, was der andere sagt, und damit wird Verstehen unmöglich. Die Formulierung der Antwort, während der andere noch spricht, macht es vielfach unmöglich, diesem bis zum Schluß seines Beitrags zuzuhören und damit dessen eigentliche Aussage wahrzunehmen. Das vorzeitige Überlegen einer Antwort ist eine häufige Ursache von Mißverständnissen und damit von Kommunikationsstörungen. Aktives beidohriges Zuhören heißt auch, das Motiv des Partners herauszuspüren, das hinter jeder Aussage steckt, d. h. herauszufinden, warum sagt er dies gerade jetzt so.

Jede Aussage hat drei Ausdruckskomponenten:

a) Im nonverbalen Bereich kommen Gefühle, die eine Aussage begleiten, zum Ausdruck (expressive Komponente).
b) Sie hat darüber hinaus eine bestimmte Bedeutung (signifikative Komponente).
c) Sie teilt dem anderen etwas mit, worauf dieser reagieren kann (kommunikative Komponente).

Alle drei Komponenten aber sind beim aktiven Zuhören aus der Aussage zu ermitteln.

Für das aktive Zuhören sind eine gewisse innere Ruhe und Geduld notwendig. Da beides so oft fehlt, ist aktives Zuhören so selten. Die Hektik der Gegenwart und das Keine-Zeit-haben stört die Kommunikation. Um das Ziel des aktiven Zuhörens zu erreichen, haben wir im Kommunikationstraining den „kontrollierten Dialog" aber auch die Nacherzählung eingebaut.

2.1.3.2 Das Sprechen im verstehenden Gespräch

a) nur wenn wir gut zugehört haben, können wir kreativ und damit weiterführend sprechen. Unter weiterführendem Sprechen verstehen wir, daß eine solche Antwort gegeben wird, die dem anderen etwas sagt, die dieser aufnehmen kann, die er also versteht und die das Gespräch weiterentwickelt.

b) Jedes Sprechen soll authentisch sein. Unter authentischem Sprechen verstehen wir, das ehrlich auszudrücken, was wir in einer bestimmten Situation glauben sagen zu können. Authentisches Sprechen ist daher mehr als Wiederspiegeln dessen, was der andere sagt. Das Spiegeln oder die Reformulierung ist nach unserer Auffassung im verstehenden Gespräch wohl wesentlich, sie reicht aber nicht aus. Authentisches Sprechen bezieht Konfrontation und möglichen Konflikt mit ein. Da jeder Kommunikationspartner durch das aktive Zuhören den Standpunkt des anderen mit seinen Hintergründen versteht, kann er auch seinen eigenen Standpunkt sinnvoll entgegensetzen. Ein Vertrauensklima allerdings ist die Voraussetzung für das verstehende Gespräch. Dieses Vertrauensklima kommt aus dem gegenseitigen Ernstnehmen der Partner. Es ermöglicht die Konfrontation und damit Änderung und Erkenntnis.

In einem Klima von Vertrauen können Schwächen und Fehler zugegeben werden, da man weiß, daß diese nicht gegen einen ausgenützt werden. Das verstehende Gespräch beinhaltet keine Bedrohung. Die Konfrontation ist befreiend. Jeder erlebt, daß er endlich sagen kann, was er fühlt und denkt. Im verstehenden Gespräch wird deutlich, daß Kommunikation ein zirkulärer Prozeß ist, in dem aktives Zuhören und authentisches Sprechen aufeinander bezogen sind. Das verstehende Gespräch zu lernen ist daher eine zentrale Aufgabe eines Kommunikationstrainings.

2.1.4 Symmetrische und asymmetrische dialogische Kommunikation

Immer wieder müssen wir feststellen, wie groß das Mißtrauen zwischen Kommunikationspartnern ist. Dieses Mißtrauen herrscht vor allem zwischen Personen, deren Beziehung sehr stark durch Konkurrenzverhalten bestimmt wird. Besonders Teamarbeit wird durch Mißtrauen sehr häufig gestört. Oft finden wir sogar die Auffassung, daß Teamarbeit nur unnützes Gerede mit sich bringe. Manche werten deshalb Teamarbeit überhaupt als sinnlos und unproduktiv ab. Gerade beim Autospiel, das wir auf Seite 109 schildern werden, hören wir immer wieder die Meinung, daß Probleme durch Gruppen nicht gelöst werden können, daß also der „starke Mann“ für die Lösung und Entscheidung nötig sei. Es zeigt sich darin die Unfähigkeit zu dialogischer Kommunikation auf gleicher Ebene. Kommunikation auf gleicher Ebene nennen wir symmetrische Kommunikation.

Noch häufiger mußten wir hören, daß wirkliche Gespräche mit Vorgesetzten bzw. Untergebenen nicht fruchtbar sind. Dabei fiel uns auf, daß die Untergebenen sagten, sie können mit den Vorgesetzten nicht reden, sie hätten ihnen aber viel zu sagen. Die Vorgesetzten aber erklärten, sie bekämen von ihren Untergebenen immer nur etwas vorgemacht, und sie bedauerten, daß keine fruchtbare Kommunikation mit diesen möglich sei. Oft wurde der Schluß gezogen, das Gespräch zwischen Vorgesetzten und Untergebenen sei nur in der Form der Befehlsausgabe bzw. Berichtentgegennahme sinnvoll.

Als Zielsetzung für Kommunikationstrainings ergab sich daraus Einsichten in die Gesetzmäßigkeit symmetrischer und asymmetrischer Kommunikation zu vermitteln, und zur dialogischen symmetrischen und asymmetrischen Kommunikation zu befähigen. Darum soll im folgenden die symmetrische und asymmetrische Kommunikation näher geschildert werden.

Jeder Kommunikationspartner hat eine bestimmte Position in der Gesellschaft. Unter Position verstehen wir „die Stellung eines Individuums in einer Interaktionsstruktur“ [9]. Diese Position kann sich je nach der Interaktionssituation verändern.

Gemäß dem Gruppenpluralismus kann die gleiche Person in verschiedenen Gruppen verschiedene Positionen innehaben. Ein Mann kann in der Familie ein Untergeordneter, im Betrieb ein Gleichgeordneter, in einem Verein in übergeordneter Position sein. Je nach der Positionsbeziehung der Partner unterscheiden wir eine symmetrische Kommunikation, wenn beide gleichberechtigt, also gleichrangig sind, und eine asymmetrische Kommunikation, wenn sie verschieden hohe Positionen einnehmen. Mit der Position verbinden sich bestimmte Rollen und entsprechende Kommunikationserwartungen. Von dem Inhaber einer hohen Position werden in hierarchischen Strukturen autoritative Äußerungen gegenüber den Untergebenen erwartet. Vom Untergebenen wird meist vorausgesetzt, daß er diese akzeptiert und auf Fragen der Vorgesetzten antwortet. Er hat in der asymmetrischen Kommunikation in der Regel keine Initiative zu ergreifen bzw. seine Initiative vorerst bewilligen zu lassen. Asymmetrische Kommunikation kann in bestimmten Situationen funktional sein. Sie ist für hierarchische Strukturen konstitutiv. In der Regel sind heute asymmetrische Kommunikationen monologisch. Der Vorgesetzte gibt eine Weisung, die vom Untergebenen aufgenommen und befolgt werden muß. Ein kritisches Hinterfragen ist unerwünscht. Dies ist das Kennzeichen von Herrschaftskommunikation. Der Untergebene fühlt sich in vielen Fällen nicht als Partner akzeptiert und wird, sofern er eine gewisse Selbständigkeit besitzt, unzufrieden. Auch für die „Obrigkeit“ ist diese Art von Kommunikation heute oft nicht mehr befriedigend. Allzu leicht wird die Obrigkeit zum Sündenbock. Die Untertanenerziehung, die heute noch vielfach in unserem Schulsystem gehandhabt wird, führt oft zum Akzeptieren monologischer asymmetrischer Kommunikation. Immer noch gilt in Schulklassen die Forderung „Antworte nur, was du gefragt wirst“.

Die asymmetrische monologische Kommunikation von oben nach unten ist mit einem starken Informationsverlust verbunden. In der zweiten Ebene kommen von den Informationen, die die erste Ebene gibt, nur mehr 63 % an, in der dritten Ebene sind es 40 %, in der vierten Ebene beim Gros der Belegschaft sind es nur mehr 20 %. [10]

Asymmetrische Kommunikation muß aber keineswegs monologisch sein. Sie ist nach unserer Auffassung vielmehr verstärkt dialogisch zu gestalten. Das heißt die Kommunikation von oben nach unten muß durch eine von unten nach oben ergänzt werden. In einer Zeit, in der die Strukturen in Wirtschaft und Politik so komplex, die Sachkompetenz sowie die Spezialisierung so umfangreich geworden sind, daß sie der einzelne nicht mehr übersehen kann, ist die Forderung nach Mitbestimmung, Teamarbeit und damit nach dialogischer Kommunikation auch in asymmetrischen Verhältnissen immer dringlicher. Es ist allerdings die Frage, ob nicht dialogische Kommunikation über kurz oder lang zur Änderung der hierarchischen Strukturen führen wird. Wir glauben, daß die Abschaffung hierarchischer Strukturen ohne die Befähigung zu dialogischer Kommunikation nicht zielführend ist.

Symmetrische Kommunikation ist bei Gleichberechtigung und Gleichrangigkeit der Kommunikationspartner gegeben. Das heißt nicht, daß diese in der Gesellschaft gleich hohe oder gleich niedrige Positionen einnehmen müssen. Das heißt nur, daß sie in keinem Untergebenen-Vorgesetzten-Verhältnis zueinander stehen. So ist z. B. zwischen Freunden oder in einem Projektteam, in denen Personen verschiedener Positionen zusammenarbeiten, symmetrische Kommunikation möglich. Symmetrische Kommunikation erleichtert das Erlernen dialogischer Kommunikation. In ihr sind ja die Positionen nicht gefährdet. Das Ziel der Kommunikation, nämlich die Verständigung, ist damit auch leichter zu erreichen. In unseren Kommunikationstrainings, in denen wir dialogische Kommunikation erleben und erlernen lassen, hatten wir anfangs keine Personen in unmittelbarem Unterstellungsverhältnis in die gleiche Gruppe aufgenommen. Wir haben dies aber dann bei Betriebstrainings getan und mußten feststellen, daß es ca. zwei Tage dauerte, bis die anfänglich monologische Kommunikation zwischen den Personen in asymmetrischen Verhältnissen in eine dialogische umgebaut wurde. Wir glauben, daß es in Zukunft verstärkt notwendig sein wird, Kommunikationstrainings in den Betrieben mit Angehörigen verschiedener hierarchischer Ebenen durchzuführen, um monologische asymmetrische Kommunikationsformen in dialogische umzuwandeln. [11] Wir konnten allerdings feststellen, daß diese Umwandlungen in der darauffolgenden Zeit auch zu Strukturveränderungen führten.

2.1.5 *Zusammenfassung*

Dialogische Kommunikation ist für jede Teamarbeit nötig. In einer Zeit der beschleunigten Veränderung ermöglicht sie kreative Gestaltung der Veränderung bzw. kritische Anpassung an diese. Dialogische Kommunikation ist die Form, in der in pluralistischen Gesellschaften kommuniziert werden kann. Das Wissen um unterschiedliche Bezugssysteme und Weltanschauungen und die Relativierung der eigenen Weltanschauung macht die kreative Kommunikation in pluralistischen Gesellschaften möglich.

Dialogische Kommunikation kann Konflikte fruchtbar werden lassen. Erst die Akzeptierung gibt die Voraussetzung für die Konfrontation und damit für die fruchtbare Konfliktlösung. Dialogische Kommunikation dient der Selbstverwirklichung von einzelnen, aber auch der Verwirklichung von Gruppen und kommt darüber hinaus dem Bedürfnis nach Anerkennung entgegen. Dialogische Kommunikation erfüllt daher wesentliche Bedürfnisse der Gesellschaft und des einzelnen.

Es ist daher das Ziel des Kommunikationstrainings eine dialogische Kommunikationseinstellung, aus der heraus ein dialogisches Kommunikationsverhalten kommt, zu erreichen. Dazu bedarf es, und dies ist ein weiteres Ziel des Trainings, einer Offenheit gegenüber dem Kommunikationspartner, einer Relativierung des eigenen Bezugssystems, eines aktiven Zuhörens und eines authentischen Sprechens.

Um diese dialogische Kommunikation zu erreichen, verfolgen wir als weiteres Ziel, zu einem Selbst- und Fremdverständnis zu führen, das in der Akzeptierung seiner selbst und des anderen gründet. Diese Akzeptierung ist die Voraussetzung für fruchtbare Konfrontation. Dialogische Kommunikation ist nicht nur in symmetrischen sondern auch in asymmetrischen Kommunikationsbeziehungen möglich und notwendig. Sie findet ihre höchste Form in verstehenden Gesprächen. Sie ist in der Lage, kooperative Kommunikation kreativ werden zu lassen.

2.2 Gestaltung von Inhalt und Beziehung in der Kommunikation

„Es gibt Personen, mit denen kann ich einfach nicht reden, ich habe keinen Draht zu diesen Menschen. Mit anderen komme ich so gut aus. Wieso kommt dies?"

„Zuerst bin ich einmal mißtrauisch; dann freue ich mich, wenn ich mich getäuscht habe, viel häufiger aber mußte ich feststellen, daß mein Mißtrauen berechtigt war."

Analysieren wir diese Aussagen, die wir immer wieder hören, dann stellen wir als Ursache für das Gelingen oder Mißlingen einer Kommunikation einen erfolgreichen oder gestörten Aufbau einer Beziehung zwischen den Kommunikationspartnern fest. Wir haben bei der dialogischen Kommunikation ebenfalls schon festgestellt, wie notwendig der Aufbau einer Beziehung im verstehenden Gespräch ist, damit Konfrontation möglich wird. Als ein Mittel des Beziehungsaufbaues haben wir bereits die Akzeptierung erkannt. Nun wollen wir die Komponenten von Inhalt und Beziehung, die wir in jeder Kommunikation finden, etwas genauer untersuchen und uns fragen, welche Konsequenzen (Ziele) sich daraus für das Kommunikationstraining ergeben.

In jedem Kommunikationsprozeß wird ein Inhalt zwischen zwei Personen übermittelt. Zwischen den Personen besteht immer irgend eine Art Beziehung. Daher finden wir in jedem Kommunikationsprozeß die Komponenten Inhalt und Beziehung.[12] Das Erreichen des Zieles der Kommunikation, nämlich die Verständigung, hängt vom Zusammenspiel dieser Komponenten ab.

Die Arten der Inhalte können sehr verschieden sein, z. B. Sachaussagen, Erfahrungen, Meinungen, Erwartungen, Wünsche, Bedürfnisse u. a. Die Arten der Beziehung sind z. B. Sympathie, Antipathie, Unterordung, Überordnung, Gleichrangigkeit, aber auch die speziellen Beziehungen, wie die zwischen Arzt und Patient, Verkäufer und Käufer, Lehrer und Schüler u. a.

Inhalt und Beziehung beeinflussen einander im Kommunikationsprozeß. Die Art des Aufeinanderbezogenseins von Inhalt und Beziehung erleichtert oder erschwert die Kommunikation, macht sie möglich oder verhindert sie. So kann man z. B. beobachten, daß einer zum anderen sagt: „Bitte sprich doch Du mit dem, Du sprichst Dich leichter." Er meint damit, daß die Beziehung des anderen zu dem Dritten um vieles besser ist als seine, und die Kommunikation dadurch erleichtert wird. Es kommt aber auch vor, daß einer erklärt, wie wir oben erwähnten, daß er mit dieser oder jener Person einfach nicht reden könne, daß er mit dieser keine gemeinsame Wellenlänge besitze. Er sagt damit aus, daß seine Beziehung zu dieser Person so sehr gestört ist, daß Kommunikation nicht möglich ist. In diesen Fällen bestimmt die Beziehung die sachliche Auseinandersetzung, also die Möglichkeit oder Unmöglichkeit einer Verständigung.

Ähnlich gestaltet sich der Einfluß des Inhaltes der Kommunikation auf die Beziehung der Partner. Es kann vorkommen, daß eine plötzlich entdeckte inhaltliche Übereinstimmung die Beziehung verbessert. Wir haben auf diese Möglichkeit beim Harmoniegespräch hingewiesen. Es kann aber auch sein, daß Freunde durch schwerwiegende inhaltliche Differenzen zu Feinden werden, daß also dadurch ihre Beziehung zueinander gestört wird.

Diesen Einfluß des Inhaltes auf die Beziehung finden wir auch in der Massenkommunikation. Z. B. der in einer Sendung des ZDF-Magazins seine Meinung bestätigt findet, der also eine Übereinstimmung im Inhalt der Aussage mit seiner Auffassung feststellt, wird eine positive Beziehung zu Herrn Löwenthal aufbauen. Derjenige aber, der immer wieder seiner Auffassung widersprechende Aussagen darin findet, wird Herrn Löwenthal ablehnen, ja unter Umständen hassen. Inhalt und Beziehung stehen daher in jeder Kommunikation in einer Wechselwirkung zueinander. Beide Komponenten zu sehen und zu handhaben, erleichtert die Kommunikation und ist Ziel des Kommunikationstrainings. Um aber dieses Ziel zu erreichen, ist es notwendig, noch genauer zu untersuchen, welche Faktoren die Komponenten Inhalt und Beziehung bestimmen.

2.2.1 Die Faktoren Ratio und Emotio

Seiffert und Clinebell sprechen von einem *head level* und einem *heart level.*[13] Damit ist ausgesagt, daß in jeder Kommunikation sowohl im Inhaltlichen als auch in der Beziehung der ganze Mensch mit seiner ratio und emotio beteiligt ist. Der Anteil der rationalen bzw. der emotionalen Faktoren ist je nach der Art des Inhaltes und der Art der Beziehung verschieden stark. Sie können einander positiv oder negativ beeinflussen, die Kommunikation erleichtern oder stören. Tritt der rationale Faktor zu sehr in den Vordergrund und wird der emotionale nicht berücksichtigt, so tritt genauso eine Störung auf, wie wenn der emotionale Faktor zu stark wird und dadurch die ratio beeinträchtigt.

Ein Beispiel dafür ist eine Verhandlung, die im Kreis läuft, in der also in der Behandlung eines Sachthemas kein Fortschritt zustande kommt. Der Grund dafür kann in nichtausgesprochenen Emotionen liegen, die aber die Klärung des Sachproblems unmöglich machen. Erst wenn diese thematisiert werden und die Beziehung zwischen den Verhandlungspartnern geklärt wird, kann das Sachproblem weiter positiv behandelt werden.

Es gibt aber auch den anderen Fall, daß ein Gefühlsüberschwang die rationale Sicht und damit die Klärung eines Problems verhindert. In der gegenwärtigen Bildung allerdings wird die Kommunikation über Rationales sehr stark, über Emotionales sehr gering betrieben. Es wird wohl gelehrt, sich über Sachfragen zu verständigen, seine Gefühle auszudrücken aber lernt man kaum. Wir konnten immer wieder in den Trainings feststellen, welch große Schwierigkeiten auftraten, wenn wir die Frage stellten: „Wie erlebten Sie das, was fühlten Sie dabei?“ u. ä. Wir haben es daher als eine besondere Aufgabe des Kommunikationstrainings gesehen, die beiden Faktoren ratio und emotio je nach ihrer durch die Situation gegebenen Gewichtigkeit handhaben zu lernen. Dabei mußte allerdings dem Nachholbedarf, seine Emotionen adäquat ausdrücken zu lernen, stärker Rechnung getragen werden. Das heißt aber nicht, daß dadurch das Rationale unterbewertet wurde, vielmehr, daß durch die Entwicklung des verkümmerten emotionalen Bereiches auch der rationale Bereich neue Möglichkeiten erhalten sollte. Die Ausdrucksmöglichkeiten für beide Bereiche sollten verbessert werden. Um die kommunikative Kompetenz als Ziel des Kommunikationstrainings zu erreichen, ist es notwendig, sowohl die Ausdrucksmittel als auch das Verstehen dessen, was der andere durch diese Mittel (vgl. verstehendes Gespräch) mitteilt, zu verfeinern und zu kultivieren. Grundsätzlich unterscheiden wir verbale und nonverbale Ausdrucksformen.

2.2.2 *Kommunikatorische Kompetenz in verbaler und nonverbaler Kommunikation*

Um zu verdeutlichen, was wir unter diesem Ziel genauer verstehen, ist es notwendig, die verbale und nonverbale Kommunikation etwas näher darzustellen. Wie wir bei der Schilderung der rationalen und emotionalen Faktoren feststellen mußten, ist in der Kommunikation immer der ganze Mensch einbezogen. Der Austausch von Inhalten zwischen den Kommunikationspartnern erfolgt daher nicht nur durch das Verbale, sondern auch durch das Nonverbale. Soll Kommunikation ihr Ziel, nämlich die Verständigung erreichen, dann muß sie sowohl die verbalen als auch die nonverbalen Aussagen berücksichtigen. Während sich der rationale Faktor bevorzugt des Verbalen bedient, bedient sich der emotionale Faktor in erster Linie des Nonverbalen. Verbales und Nonverbales aber durchdringen einander.

Der verbale und nonverbale Anteil in der Kommunikation verhält sich wie 40:60. Es soll daher im folgenden zunächst auf die nonverbale Kommunikation und dann kurz auf die verbale Kommunikation eingegangen werden.

Das Multikanalmodell von K. R. Scherer [14] sowie die Parasprache im Sinne von Mucchielli [15] macht das Ausmaß des Nonverbalen bewußt. Das Multikanalmodell versucht eine Systematisierung der über die einzelnen Sinnesorgane gesendeten und aufgenommenen nonverbalen Signale. Jedes Sinnesorgan bildet einen Kanal. Das Ohr bildet den auditiven Kanal. Daher kann nicht nur eine verbal formulierte Aussage aufgenommen werden, sondern darüber hinaus auch noch die Stimmcharakteristik, die Stimmvariation (Melos, Tempo, Lautstärke), wodurch zusätzliche Informationen erhalten werden können.

Das Auge bildet den visuellen Kommunikationskanal. Dadurch ist es möglich, nicht nur die Mimik und Gestik, sondern auch die Körpersprache (Körperbewegung, Haltung, Kleidung, Beziehung der Körper im Raum zueinander) aufzunehmen.

Der Tastsinn bedient sich des taktilen Kommunikationskanals. Er erfaßt die emotionale Bedeutung der Berührung von Körpern und Gegenständen.

Der Geruchssinn bildet den olfaktorischen Kanal. Welche Bedeutung die olfaktorische Kommunikation gerade für die Beziehung der Kommunikationspartner hat, entdeckte die Parfum- und Deodorantindustrie. Der Wärme- und Kältesinn bildet den thermischen Kanal. Er vermittelt Aussagen über körperliche Nähe. Wärme und Kälte bezeichnen auch in analogem Sinn die Beziehung von Personen zueinander.

Alle diese Kanäle stehen aber nicht für sich. Sie bilden zusammen ein nonverbales Gesamtsystem, das eine größere Anzahl von Aussagen vermittelt als das verbale. In unseren Trainings wird sowohl das Erkennen des Nonverbalen planmäßig geübt (vor allem mit Hilfe des Videorecorders und durch nonverbale Übungen), wie auch die Reflexion über das durch das Nonverbale beim einzelnen Ausgelöste und über die nonverbale Wirkung des einzelnen auf den anderen trainiert. Nur durch das Erfahren dessen, was ich selbst nonverbal aussage, werden mir viele Reaktionen des anderen verständlich. Das Erkennen des Nonverbalen bei anderen ist ein hervorragendes Mittel des Fremdverständnisses, aber auch des Verstehens dessen, was mir der andere eigentlich mitteilt.

In den Kommunikationstrainings sahen wir immer wieder, daß nicht nur die Fähigkeit des Erkennens und Umgehens mit der nonverbalen Kommunikation sehr stark unterentwickelt ist, sondern auch die verbale Kommunikation ständig von Mißverständnissen durchsetzt und dadurch von Kommunikationsstörungen begleitet ist.

Die verbale und die nonverbale Kommunikation verwendet Zeichen. Während die Bedeutung der nonverbalen Zeichen heute noch nicht lexikalisch definiert ist, ist dies bei den verbalen Zeichen wohl der Fall. Die Verwendung und das Verständnis für die verbalen Zeichen hängt vor allem von der Lebenserfahrung und dem soziokulturellen System ab, das über ein gemeinsames Zeichenrepertoire verfügt. Die einzelnen Zeichen aber sind von jedem einzelnen in einer bestimmten Lebenssituation erlernt worden und je nach der affektiven Besetzung der Lernsituation auch unterschiedlich emotional gefärbt. Daher kommt es, daß auch die verbalen Zeichen durch den emotionalen Faktor mitbestimmt sind. So haben die Wörter je nach der individuellen Lebenserfahrung für den einzelnen einen unterschiedlichen Sinngehalt.[16] Unterschiedliche Lebensgeschichten sind eine der Ursachen für Individualsprachen.

Gemäß der Zugehörigkeit der Einzelperson zu Gruppen und gemäß den unterschiedlichen Gruppenerfahrungen gibt es auch Gruppensprachen. Diese Gruppensprachen werden nur innerhalb dieser Gruppe wirklich verstanden. So sprachen z. B. bei einem Training evangelische Pastoren bei der Schilderung ihrer Lebensgeschichte davon, daß sie „in der Verwesung tätig waren“.[17] Sie meinten damit, daß sie eine Gemeinde betreut haben. Oder Angestellte eines Versicherungsunternehmens sprachen immer wiederum von der „offensiven Liquidation“ als der großen Leistung einer Versicherung. Sie verstanden darunter, daß die Versicherung in dem Falle, in dem ein Schaden auftritt, offensiv, also von sich aus, zu den Geschädigten hingeht, um dort den Schaden zu liquidieren. Bischöfe sprachen bei einem Fernsehtraining immer wieder vom „Anruf Gottes, der Sendung Christi und der Notwendigkeit, Zeugnis zu geben“. Es war ihnen nicht bewußt, daß Fernsehzuschauer, die nicht dem innerkirchlichen Kreis angehören, bei „Anruf Gottes“ sich fragen könnten, welche Nummer besitzt Gott, bei der „Sendung Christi“ sich überlegen, wann ist die Sendung im Programm und beim „Zeugnis geben“ darüber sich Gedanken machen, welche Noten könnten sie darin bekommen. Bei einem Training für Politiker wurde von der „Notwendigkeit der Entsorgung der Gemeinden“ gesprochen. Sie meinten aber nicht, daß sie dadurch den Gemeinden ihre Sorgen wegnehmen würden, sondern sie verstanden darunter die Aufgaben der Müllabfuhr und der Abwässerbeseitigung.

Wir sind daher in den Kommunikationstrainings bestrebt, unterschiedlichen Personen verschiedener Berufsgruppen mit Gruppensprachen zusammen zu trainieren, um diesen bewußt zu machen, wie sehr sie nur eine Gruppensprache sprechen. Ziel des Kommunikationstrainings war in diesem Zusammenhang, das Wissen um die Existenz von Individual- und Gruppensprachen zu vertiefen und das Verständnis für diese zu fördern.

Ging es bei der verbalen Kommunikation primär um die Inhaltskomponente, so soll im folgenden näher auf die Beziehungskomponente eingegangen werden. Die Beziehungskomponente ist bestimmt durch die Faktoren Distanz und Nähe.

2.2.3 Adäquates Geben von Distanz und Nähe

Distanz und Nähe stehen in einem reziproken Verhältnis zueinander. Je größer die Distanz, um so geringer ist die Nähe und umgekehrt. Distanz und Nähe können bei zwei Partnern sehr unterschiedlich sein. Der eine steht dem anderen nahe, der andere dem einen fern.

Am deutlichsten wird dieses Phänomen im pseudodialogischen Effekt des Fernsehens sichtbar. Die Beziehung des Kommunikators also z. B. des Fernsehsprechers zu dem Rezipienten ist grundsätzlich die der Distanz, da ja der Fernsehsprecher den Großteil der Rezipienten nicht kennt. Die Rezipienten aber erleben ihre Beziehung zu den Kommunikatoren in den Massenmedien als sehr nahe und eng.

Für das Gelingen der Kommunikation, für das Erreichen der Verständigung ist keineswegs eine Äquidistanz die Voraussetzung. Sie kann in manchen Fällen sogar ein Hemmnis sein. So kann z. B. eine zu große Nähe von zwei Partnern die Lösung eines Problems erschweren. Es bedarf dann einer Person, die größere Distanz besitzt. Nur dann kann sie helfen. Als Beispiel dafür könnte die Arbeit eines Psychotherapeuten, Eheberaters, des Trainers u. a. angeführt werden.[18] Auf der mangelnden Distanz beruht auch das Versagen von Angehören bei der Beratung von Ehekrisen.

Es gibt aber auch Fälle, in denen eine zu große Distanz Kommunikation verhindert, und es deshalb notwendig wird, Nähe zu geben. Unter Nähe ist hier emotionale Zuwendung und Eingehen auf den Partner zu verstehen.

Distanz und Nähe drücken sich vor allem nonverbal in der räumlichen Distanz der Kommunikationspartner aus. Hall[19] unterscheidet vier verschiedene interpersonale räumliche Distanzen:

a) Die Intimdistanz – die Entfernung bis 50 cm. Sie ist üblich bei Kommunikationspartnern, die einander sehr nahe stehen.
b) Die persönliche Distanz 50 cm bis 1,50 m. Diese gilt für den privaten Bereich von Menschen, die in freundschaftlichen Verhältnissen miteinander leben. Für die Kommunikation in dieser Distanz ist Blickkontakt entsprechend. Kommen Personen, die einander innerlich nicht nahe stehen, durch äußere Umstände (Lift, überfüllte Straßenbahn u. a.) in die Intimdistanz, dann ist z. B. der Blickkontakt verpönt. Das heißt der eine Partner darf den anderen nur solange anschauen bis dieser ihn anblickt.
c) Die soziale, bzw. dienstliche Distanz. Sie liegt in der Entfernung von 1,50 bis 3,50 m. Sie ist in der geschäftlichen Kommunikation üblich. Wenn jemand seinen Gesprächspartner hinter dem Schreibtisch sitzend empfängt, so signalisiert er soziale Distanz. Setzt er sich mit dem Kommunikationspartner in die Sitzecke, drückt er aus, daß er mit ihm in persönliche Beziehung treten will bzw. sich in dieser erlebt.
d) Die öffentliche Distanz – sie reicht von 3,50 m bis zur Hörweite der Stimme.

Die Massenmedien arbeiten bewußt mit unterschiedlicher Distanz. Zeigen sie den Sprecher in der Naheinstellung (Brustbild), wird der Eindruck persönlicher Distanz erweckt. Erscheint er in Großaufnahme, dann erleben die Rezipienten ihn in Intimdistanz.

So ist es möglich, daß oft das an und für sich Ferne durch das Fernsehen so nahe gebracht wird, daß persönliche Beziehungen zu dem Fernen aufgebaut werden. Die Folge ist, daß in vielen Fällen der effektiv nahe Lebende, z. B. der Nachbar, zum Fernen wird. Die Relevanz von Distanz und Nähe wird so durch die Massenmedien besonders groß. Es entstehen z. B. bei Notsituationen, die das Fernsehen überträgt, Gefühle der persönlichen Schuld, wo es sich eigentlich um soziale Schuld handelt. Umgekehrt wird in der Not des Nachbarn unter Umständen ein Versagen der Gesellschaft gesehen, dessen Not dem Bereich der persönlichen Schuld zugeordnet werden müßte. Unfälle, Verbrechen, Katastrophen in der unmittelbaren Umgebung können für den davon nicht Betroffenen unter Umständen zum Showobjekt werden.

Aus all dem wird deutlich, welche Bedeutung die Faktoren Distanz und Nähe in jeder Kommunikation haben, und wie oft Kommunikationsstörungen durch Nichterkennen bzw. falsches Umgehen mit diesen Komponenten entstehen. Die Relevanz von Distanz und Nähe in der Gegenwart ist daher heute sowohl im makro- als auch im meso- und mikrosozialen Bereich zu erkennen. Ziele des Kommunikationstrainings ist das situationsgemäße Geben von Distanz und Nähe. Also das Nähegeben in Situationen, wo Nähe verlangt wird und das in Distanzgehen, wo und wann dies hilfreich ist. Das adäquate Geben von Distanz und Nähe ist ein Mittel der Gestaltung der Beziehung zwischen Personen.

2.2.4 Zusammenfassung

Die Gestaltung von Inhalt und Beziehung ist daher, wie wir bei der Darstellung von Distanz und Nähe gesehen haben, in der Zeit der Informationsüberflutung durch die Massenmedien wesentlich, aber auch für eine fruchtbare Teamarbeit, wie wir bei der Darstellung der emotionalen und rationalen Faktoren erkannt haben.

In einer Zeit der ständig zunehmenden Konflikte muß erkannt werden, daß jeder Konflikt eine inhaltliche (Sach)Komponente und meist auch eine Beziehungs-(persönliche)Komponente besitzt. Dies zu wissen, erleichtert die kreative Lösung von Konflikten.

Der Aufbau von Beziehungen kommt im besonderen dem Grundbedürfnis des Menschen nach Miteinander und Kontakt entgegen. Ein Ziel des Kommunikationstrainings ist daher, die kommunikative Kompetenz durch das Erkennen und Umgehen mit der Inhalts- und Beziehungskomponente zu erreichen.

Um zu diesem Ziel zu gelangen, ist es notwendig, den rationalen und emotionalen Faktor in der verbalen und nonverbalen Kommunikation zu erkennen und sich verbal und nonverbal auf rationaler und emotionaler Ebene adäquat ausdrücken zu lernen.

Das adäquate Geben von Distanz und Nähe ist eine besondere Hilfe für die Gestaltung von Beziehungen.

Kommunikationstrainings sollen das generelle Mißtrauen, das so häufig anzutreffen ist, abbauen, und überall dort, wo es möglich ist, Vertrauen aufbauen helfen.

2.3 Konfliktkommunikation

„Ich möchte lernen, wie ich mich in Auseinandersetzungen besser durchsetzen kann."

„Ich möchte schlagfertiger werden."

„Ich möchte die Schwächen in der Argumentation des anderen erkennen lernen, um meine Ziele besser zu erreichen."

In diesen Erwartungen an das Kommunikationstraining zeigt sich einerseits, daß die Teilnehmer ständig Konflikte erleben und lösen müssen, und andererseits, daß sie den Wunsch haben, diese Konflikte gemäß ihren eigenen Interessen fruchtbar zu machen. Kommunikation selbst wird als Mittel der Konfliktlösung gesehen. Wir wollen daher im folgenden zuerst dem Zusammenhang von Konflikt und Kommunikation näher nachgehen, um dann zu untersuchen, wie Konflikte durch Kommunikation gelöst werden können. Dabei werden wir auf das Phänomen des Widerstandes stoßen und Wege suchen, wie Widerstände in der Kommunikation überwunden werden können. Zum Schluß sollen Möglichkeiten beschrieben werden, wie man defensiven und aggressiven Gesprächssituationen begegnet.

2.3.1 Konfliktanalyse

In jedem Konflikt gibt es zwei Zielsetzungen, die nicht gleichzeitig ganz realisiert werden können. Die eine steht der anderen im Wege. [20]

Wie wir schon bei der Darstellung der Beziehungs- und Inhaltskomponente in der Kommunikation feststellten, hat auch jeder Konflikt eine Inhalts- und eine Beziehungskomponente, die sich gegenseitig beeinflussen.

Beziehungskonflikte sind z. B. Konflikte zwischen Personen, aber auch zwischen Gruppen und Staaten, die auf einem Mangel in der gegenseitigen Akzeptierung beruhen.

Inhaltskonflikte beruhen auf Interessengegensätzen und sich ausschließenden Zielsetzungen der Konfliktpartner.

Je nach Struktur der Beziehungen und damit der Kommunikation können Konflikte häufiger oder seltener auftreten. Gemäß der Inhalts- und Beziehungskomponente im Konflikt können wir auch rationale und emotionale Faktoren im Konflikt unterscheiden. Dies zu wissen ist deshalb wichtig, da emotionale Konflikte in der Regel nicht rational und rationale Konflikte nicht emotional gelöst werden können. Hat ein Konflikt beide Komponenten, dann muß zuerst der emotionale Konflikt bereinigt werden, bevor eine rationale Lösung möglich wird.

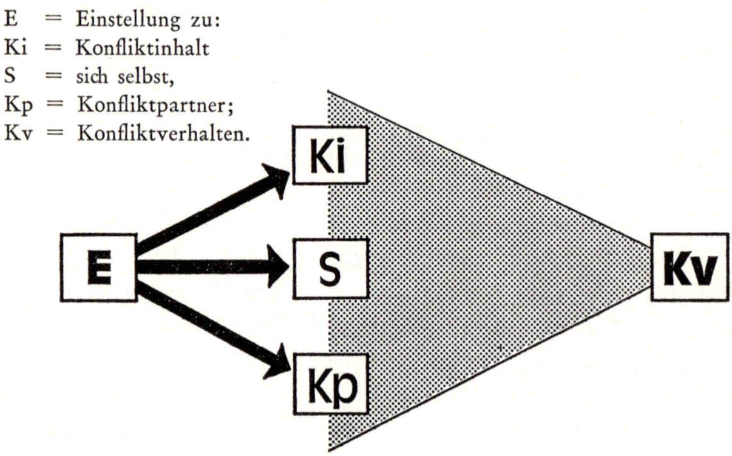

Je nach der Einstellung zum Konfliktinhalt und der zu den Konfliktpartnern sowie der Einstellung zu sich selbst resultiert ein spezifisches Konfliktverhalten.

Nehmen wir als Beispiel einen Lohnkonflikt. Hat der Arbeitnehmer das Selbstbild des Ausgebeuteten und sieht er im Unternehmer den Ausbeuter, dann glaubt er, daß seine Lohnforderung (Konfliktinhalt) nur durch Streik (Konfliktverhalten) erreicht werden kann.

In einem patriarchalisch geführten Betrieb kann es aber auch vorkommen, daß sich der Arbeitnehmer als Sohn erlebt und deshalb glaubt, seine Lohnforderung als Bitte vortragen zu müssen, die ihm die Vaterfigur eventuell gnädig erfüllen wird.

2.3.2 *Konfliktlösungsstrategien*

Das Konfliktverhalten zeigt sich unter anderem in der Art der Kommunikation und in den eingeschlagenen Kommunikationsstrategien. Wir können dabei folgende Strategien beobachten [21]

2.3.2.1 Pseudostrategien der Konfliktlösung

a) Die Strategie der Interpretation.

Konflikte werden als Mißverständnisse uminterpretiert. Es fällt der Satz: „Eigentlich sind wir gar nicht so weit auseinander." Oder: „Im Grunde genommen sind wir uns doch einig." Die Folge ist, daß der Konflikt früher oder später zurückkehrt.

b) Die Strategie der Dissoziation.

Konfliktthemen werden nicht besprochen, sie werden tabuisiert. Dies ist heute in der Massenkommunikation sehr häufig. Viele Konflikte zwischen den Sozialpartnern kommen in den Massenmedien nicht zur Sprache. Diese Konfliktvermeidungsstrategie durch Tabuisierung gibt es aber auch zwischen Personen und Gruppen. Über bestimmte Themen nicht zu sprechen (vgl. Harmoniegespräch), wird zur stillschweigenden Norm gemacht.

c) Strategie der Gewichtsverlagerung.

Wird ein Mensch gegensätzlichen und daher konflikterzeugenden Aussagen ausgesetzt, dann löst er häufig den Konflikt durch unterschiedliche Gewichtung der Aussagen bzw. der Quellen der Aussagen. Er wertet die Quelle oder den Inhalt einer gegensätzlichen Aussage ab und braucht sich daher nicht mehr damit auseinanderzusetzen.

d) Strategie des Räsonierens.

Widersprüchliche Aussagen werden so lange zerredet, bis ein Pseudokonsens erreicht wird. Dieser muß mit dem Konfliktthema überhaupt nichts mehr zu tun haben. Auch diese Strategie kann Konflikte nicht lösen.

2.3.2.2 Reale Strategien der Konfliktlösung

a) Strategie der Nützlichkeit. Ein Konflikt wird untersucht und es wird gefragt, welche Lösung des Konfliktes für die Konfliktpartner am vorteilhaftesten ist. Die Konfliktpartner einigen sich auf dieses Lösungsprinzip. Der Kompromiß kann hier die Lösung bringen.

b) Strategie der Reduktion von Komplexität [22]. Die komplexe Wirklichkeit wird soweit reduziert, daß sie hantierbar wird. Die konflikterzeugenden Elemente werden womöglich vermindert, wodurch die Lösung erleichtert wird. Die leichtere Überschaubarkeit, die durch die Reduktion von Komplexität erreicht wird, erleichtert die Konfliktlösung.

c) Die Strategie der Änderung. Der Konflikt wird dadurch gelöst, daß sich die Person ändert, bzw. daß die Situation so geändert wird, daß die konflikterzeugenden Verhältnisse nicht mehr bestehen.

d) Die Strategie der Demokratisierung des Konfliktes. Der Konflikt wird von allen am Konflikt Beteiligten gemeinsam zu lösen versucht. Die Konfliktlösung wird zur gemeinsamen Aufgabe. Dadurch wird ein konstruktives Konfliktverhalten stimuliert.

Nun müssen wir wissen, daß nicht alle Konflikte gelöst werden können. Es muß daher auch gelernt werden, mit Konflikten zu leben. Eine gewisse Konflikttoleranz ist notwendig.

Wie konkret Konflikte in der Kommunikation gelöst werden können, wird in den Kommunikationstrainings an Hand von Konfliktlösungsmodellen geübt. Ziel des Kommunikationstrainings ist es, durch Kommunikation Konflikte lösen zu können und dafür Modelle und Strategien zu erlernen.

Bei der Lösung von Konflikten treten in der Regel Widerstände auf. Das Umgehenkönnen mit Widerständen ist daher eine Hilfe für die Konfliktlösung durch Kommunikation.

2.3.3 Erkennen von und Umgehen mit Widerständen

Wir haben aufgezeigt, daß die Gegenwart gekennzeichnet ist durch die beschleunigte Veränderung. Es wird daher immer wieder die Forderung nach fortwährender Veränderung aufgestellt. Dieser Forderung treten bei vielen Menschen die Bedürfnisse nach Kontinuität, Sicherheit und Geborgenheit entgegen. Sie versuchen der Veränderung entgehen zu können. Es wird sogar den Veränderungsformen entgegengearbeitet. [23] Diese Widerstände zeigen sich im Zuhören, im Mißverstehen und im selektiven Hören. Die Stärke des Widerstandes ist abhängig

- von der Stärke des Bedürfnisses nach Sicherheit;
- von der Absolutheit, mit der das eigene Bezugssystem, das durch die Veränderung bedroht wird, gesehen wird;
- vom Ausmaß des sich Bedrohtfühlens.

Die Funktion des Widerstandes liegt in der Abwehr der Forderung nach Veränderung. Er kommt aus der Angst, daß man das, was man besitzt und was einem Sicherheit gibt, verlieren könnte.

Nun hat aber jeder Mensch nicht nur das Bedürfnis nach Sicherheit und Bewahrung, sondern auch das nach Veränderung, also das Bedürfnis nach Neuem, nach Verbesserung, nach Weiterentwicklung, nach Progression.

Daher ist derjenige, der Widerstände entgegensetzt, ambivalent. Er will einerseits Sicherheit, andererseits Veränderung. Das ist zugleich sein intrapersonaler Konflikt. Hier liegt aber auch die Chance für die Kommunikation.

Gehen wir nun von unserem Wissen über die Bedeutung der Inhalts- und Beziehungskomponente aus. Die Forderung nach Veränderung liegt primär im Inhalt, der als Bedrohung erlebt wird. Nun kann aber die Bedrohung unter Umständen durch den Aufbau einer Vertrauensbeziehung gemildert, ja sogar aufgehoben werden. Die gegenseitige Abhängigkeit von Inhalt und Beziehung machen dies möglich. Durch die Wegnahme der Bedrohung kann die ursprünglich negative Einstellung zum Inhalt positiv werden.

Ein kleines Beispiel. Wir konnten regelmäßig in den Kommunikationstrainings am Beginn Widerstände gegen die Aufnahme mit dem Videorecorder beobachten. Hier war die Ambivalenz deutlich. Einerseits waren die Teilnehmer neugierig, wie sie auf dem Bildschirm aussehen werden, andererseits hatten sie Angst, fühlten sich bedroht durch die Unausweichlichkeit der Auseinandersetzung mit sich selbst, die sich aus der Konfrontation mit ihrem eigenen Bild ergab. Sie vermuteten darin eine Forderung nach Veränderung und fühlten sich in vielen Fällen bedroht. Wir bemühten uns nun in diesen Situationen den Teilnehmern durch persönliches Eingehen auf ihre Wünsche, durch das Geben von Nähe, durch das Zeigen von Verständnis für ihre Schwierigkeiten, Vertrauen und Sicherheit auf der Ebene der Beziehung zu geben. So konnten diese Widerstände überwunden werden. Später waren alle froh, daß sie in diesen Änderungsprozeß eingetreten sind, also diese Erfahrung gemacht haben.

Widerstände sind grundsätzlich etwas anderes als oppositionelles Verhalten. Widerstände kommen aus der Emotion, aus dem Sich-bedroht-Fühlen. Opposition dagegen erwächst aus rationalen Überlegungen.[24] Während Widerständen in der Kommunikation durch Geben von Vertrauen begegnet werden kann und soll, ist Opposition durch rationale Argumentation, durch sachliche Auseinandersetzung mit den Einwänden zu lösen. Allerdings bedarf es einer bestimmten Sensibilität, Opposition und Widerstand unterscheiden zu können.

Oppositionelles Verhalten äußert sich z. B. in der Debatte, Widerstände dagegen in Defensivkommunikationen, die sich gelegentlich auch in Aggressionen – Flucht nach vorne – umwandeln. Aggressives und defensives Verhalten sind Äußerungsformen eines Beziehungskonfliktes. Beide Formen führen in der Regel nicht zu einer Lösung, sondern meist zu einer Eskalation des Konfliktes. Die Folge ist ein selektives Hören und Sprechen. Es wird nur herausgehört, wo man widersprechen zu können vermeint. Dies führt zu einer

Polarisierung der Meinungen, die sich durch den emotionellen Faktor meist mit einer Abwertung des anderen als Person verbindet.

2.3.4 *Aggressionsformen im Konflikt*

Oft sind die Kommunikationspartner überrascht, daß eine Äußerung ein solch aggressives bzw. defensives Verhalten auslöst. Es wird dann gesagt, dies hat er „in die flasche Kehle bekommen". Auch wird leicht übersehen, wie rasch solche Eskalationen vor sich gehen und dadurch oft sehr schwer wiedergutzumachende Beziehungsstörungen entstehen.

Daher ist es ein Ziel des Kommunikationstrainings, erkennen zu lernen, aus welchen Hintergründen Verteidigungen kommen, was Grob- und Feinformen der Aggression sind und wie darauf reagiert werden kann.

2.3.4.1 Grobformen der Aggression

Die direkte Aggression äußert sich in folgenden Formen:

a) Dem anderen wird Schuld zugesprochen, er wird also schuldig gemacht. Dies ist eine seit Jahrhunderten geübte und auch heute häufig praktizierte Form der Machtausübung.
b) Der andere wird negativ klassifiziert, also beschimpft. Dies ist eine direkte Form der Abwertung des anderen als Person.
c) Der andere wird totgeredet oder totgeschwiegen. Es wird dadurch dem Partner mitgeteilt, daß er gar nichts zu sagen hat, bzw. daß man ihn gar nicht für wert findet, mit ihm zu sprechen.

2.3.4.2 Feinformen der Aggression

Gibb hat durch acht Jahre untersucht, welche Verhaltensweisen eine defensive Kommunikation auslösen. [25] Er hat dabei folgende Faktoren gefunden, die als Feinformen der Aggression verstanden werden können.

a) Wenn die Gesprächspartner sofort evaluativ zuhören oder sprechen, also wenn bereits beim Zuhören gewertet wird und wenn diese Wertung sofort apodiktisch mitgeteilt wird.
b) Wenn ein Partner als Kontroll- und Machtinstanz erlebt wird, bzw. wenn sich jemand als mächtig und kontrollierend darstellt.
c) Wenn ein Partner mit absoluter Sicherheit spricht und dem anderen keinen Raum mehr läßt. Er zeigt nämlich damit keine Bereitschaft, im Gespräch etwas anzunehmen, d. h. seinen Standpunkt zu ändern. Er sagt

damit indirekt, daß er den Partner nicht als Kommunikationspartner ernst nimmt; der Partner hat ihm nichts zu sagen, sondern nur etwas zur Kenntnis zu nehmen.

d) Wenn ein Partner nicht weiß, wie er mit dem anderen daran ist, weil dieser immer ausweicht bzw. sich neutral verhält. Damit wird ihm ja mitgeteilt, daß er gar keiner Stellungnahme wert ist.

e) Wenn einer sofort seine Überlegenheit spüren läßt, also Superiorität zeigt.

f) Wenn einer so formuliert, daß der Partner hinter jeder Aussage eine allerdings nicht erkennbare Strategie vermutet und sich damit manipuliert fühlt. Er glaubt, daß der Partner ein verborgenes Ziel hat und ihn zu etwas bringen möchte, zu dem er eigentlich nicht kommen will.

Der Hintergrund dieser Feinaggressionen liegt in dem Nichtakzeptieren des Partners als Person.

Durch Kommunikationstraining sollen defensivreduzierende und aggressionsauflösende Gesprächstechniken gelernt werden.

2.3.5 Das „Ja-Aber-Gespräch" – eine Form der Konflikttarnung

Eine besonders häufige Form von Widerständen, die sich rational als Sachkonflikt tarnen, in Wirklichkeit aber Beziehungskonflikte sind, ist das Ja-Aber-Gespräch. [26] Bei diesem wird scheinbar auf den Partner eingegangen. Es wird zunächst „ja" gesagt bzw. „ich stimme vollständig mit Ihnen überein". Dann jedoch kommt das „aber", in dessen Gefolge widersprochen wird. Genaugenommen wurde nur herausgehört, wo man dem Partner widersprechen kann. Gesprächsanalysen zeigten: Solange zwei Partner in der Ja-Aber-Form miteinander sprechen, findet kein Austausch von Inhalten und daher auch keine Verständigung statt. Am Ende kommen die gleichen Sätze wie am Beginn dieses Gesprächs. Es gibt keine Entwicklung, kein weiterführendes Gespräch. Das Ja-Aber-Gespräch ist auch ein Musterbeispiel des Aneinandervorbeiredens, des nicht auf den anderen Eingehens und nichts vom anderen annehmen Wollens.

Ziel des Kommunikationstrainings ist es, die Form des Ja-Aber-Gesprächs zu erkennen und dieses Gespräch auflösen zu lernen.

2.3.6 Zusammenfassung

Konflikte werden in der Zukunft immer häufiger werden. Sie kennzeichnen die plurale Gesellschaftsordnung. Das Bedürfnis Konflikte zu lösen, sie fruchtbar machen zu können, wird immer größer. Kommunikation ist das Mittel der Konfliktlösung. In einer Zeit der ständig sich beschleunigenden Veränderung treten immer häufiger Widerstände gegen diese Veränderungen auf. Der Abbau des Gefühls der Bedrohung, das durch Veränderungen ausgelöst wird, und der Aufbau von Vertrauen, wodurch Widerstände überwunden werden können, ist eine Hilfe zur Lösung jener Ambivalenz, aus der heraus das Bedürfnis nach notwendiger Veränderung zum Durchbruch kommen kann.

Die Konkurrenzgesellschaft ist gekennzeichnet durch Kampf. Aggression und Defensive sind an der Tagesordnung. Diese müssen in ihren Grob- und Feinformen erkannt werden, mit ihnen muß hantiert werden können.

Das Ziel des Kommunikationstrainings liegt daher im Erlernen der Konfliktkommunikation. Diese besteht in der Fähigkeit, die eigentlichen Hintergründe von Konflikten, ihre persönlichen und ihre Sachkomponenten, ihre rationalen und ihre emotionalen Faktoren zu erkennen, und in der Fähigkeit, Konflikte fruchtbar lösen zu können.

Daraus ergeben sich als weitere Ziele: Widerstände sind von oppositionellem Verhalten unterscheiden zu lernen. Andererseits jedoch ist das oppositionelle Verhalten als Impuls für eine bessere Lösung zu sehen.

Um Aggressionen wirksam begegnen zu können, sind defensivreduzierende und aggressionsauflösende Kommunikationstechniken zu lernen.

Das Ja-Aber-Gespräch als sublime Form des Streitgespräches muß erkannt und dessen Auflösung gelernt werden.

2.4 Koorientierung in der Kommunikation

„Ich habe den Eindruck, es wird mit mir ein unfaires Spiel getrieben. Wir werden manipuliert. Ich möchte gerne wissen, wie das geschieht."

„Täglich stürmen so viele Informationen auf mich ein, ich kann sie gar nicht mehr verarbeiten."

„Wenn ich mit meinem Chef rede, werde ich aus ihm nicht klug. Ich weiß nicht was er will und wie ich mit ihm dran bin."

Die hier geschilderten Erfahrungen schneiden unter anderem zwei Kommunikationsprobleme an:

a) das der unterschiedlichen Kommunikationsintention („Ich weiß nicht, was der Chef will") und
b) das der Informationsfülle und, damit verbunden, das der Steuerung durch gezielte Information.

Gemeinsam ist diesen Aussagen der Wunsch nach Orientierung. Man weiß allerdings, daß diese heute von einem einzelnen nicht mehr geleistet werden kann. Daher ergibt sich aus diesen Äußerungen – als weiteres Ziel des Kommunikationstrainings – die Koorientierung.

2.4.1 Erkennen von Kommunikationsintentionen

In jeder Kommunikation haben die Kommunikationspartner eine bestimmte Intention, die wir aus der Inhalts- und Beziehungskomponente und aus den rationalen und emotionalen Faktoren ableiten können. Aus dem rationalen Faktor und aus der Inhaltskomponente kann die Informationsintention und die meinungsbildende Intention einer Kommunikation abgeleitet werden; aus dem emotionalen Faktor und der Beziehungskomponente mehr die unterhaltungs- und damit die beziehungsstiftende Kommunikationsintention.

Kommunikationsstörungen treten dann auf, wenn die Intentionen bei den Kommunikationspartnern unterschiedlich sind.

Es kann z. B. vorkommen, daß eine Übertragung aus dem Parlament von Kommunikatoren mit einer meinungsbildenden Intention ausgestrahlt wird, von den Rezipienten jedoch mit Unterhaltungsintention aufgenommen wird. Umgekehrt ist es möglich, daß z. B. eine Unterhaltungssendung wie das „Millionenspiel“ von seiten des Rezipienten als Dokumentarspiel und damit als Information erlebt wird.

Es ist auch immer wieder festzustellen, daß eine sogenannte reine Unterhaltungssendung durch das in ihr gezeigte Familien-, Frauen- und Gesellschaftsbild vom Kommunikator aus eine meinungsbildende Intention besitzt, die aber der Rezipient nicht bemerkt. Sie ist deshalb nicht weniger wirksam. Damit stehen wir vor dem Problem der Meinungs- und Verhaltenssteuerung durch Unterhaltung.

Es kann auch vorkommen, daß durch sogenannte reine Information, wie sie angeblich in Nachrichtensendungen gegeben wird, ohne daß der Rezipient es merkt, massiv Meinungsbildung erfolgt (Steuerung durch Information).

Dieses Phänomen der unterschiedlichen Kommunikationsintentionen gibt es aber nicht nur im Bereich der Massenkommunikation, sondern auch in der interpersonalen Kommunikation. Wenn z. B. der eine Kommunikationspartner eine Konversation im Sinne leichter Unterhaltung führen will, der andere aber eine ernste Auseinandersetzung mit dem angesprochenen Thema erwartet, werden sich beide nicht verständigen können, möglicherweise sogar enttäuscht sein.

Das Erkennen der Kommunikationsintentionen bei sich und den Kommunikationspartnern sowie das Abstimmen dieser aufeinander ist daher eine Voraussetzung der Koorientierung.

2.4.2 *Informationsfülle und Steuerung durch Information*

Die Informationsüberflutung heute hat zunächst ihren Grund in der Verkomplizierung des Lebens. Das sich darin Zurechtfinden, also das Erkennen von Redundanz, gehört heute zu den Merkmalen von Intelligenz.

Zur Frage der Steuerung durch Information vertritt Schweppenhäuser in seinem Beitrag „Vergötzte Ordnung" in dem Buch „Die Tabus der deutschen Presse" [27] die Auffassung, daß sie ein hervorragend geeignetes Mittel der Verhaltensbeeinflussung ist. Er sagt, „die Massenmedien bringen die nötigen Anweisungen und Signalisierungen, die der unmündig gehaltene Konsument benötigt. Die Rezeptur ist die Mischung von chaotischer Information (durch die Überfülle ungeordneter Information), präfabrizierter Meinung und politischer Stereotypie".

Kommunikationstrainings können helfen, durch Koorientierung zu erkennen, welche Mächte heute die Information über die Massenmedien steuern, was ihre Intentionen sind, und mit welchen Methoden die Ziele, nämlich die Meinungs- und Verhaltenssteuerung, erreicht werden.

2.4.3 *Zusammenfassung*

Die Informationsüberflutung macht die Orientierung immer schwerer. Die Intention derer, die heute die Massenmedien beherrschen, scheint darin zu bestehen, die plurale Gesellschaftsordnung – bei einer nach außen hin behaupteten Vielfalt der Meinungen – langsam in eine konformistische umwandeln zu wollen.

Die Teamarbeit benötigt im mesosozialen Bereich die Koorientierung als notwendiges Mittel, um sich in dem einschlägigen Informationsangebot zurechtzufinden und die für die Entscheidung notwendigen Grundlagen zu erhalten.

Ein Ziel des Kommunikationstrainings liegt daher in der Koorientierung. Es ist nötig, mit Redundanz richtig umzugehen, Kommunikationsintentionen bei sich und den anderen zu erkennen, sowie deren Abstimmung aufeinander zu versuchen.

Koorientierung aber bedeutet auch das Erkennen der Steuerungstendenzen, die sich in der Informationsauswahl und in der Informationsaufbereitung zeigen. Damit ist Koorientierung eine wesentliche Voraussetzung für emanzipatorische Kommunikation.

2.5 Sicherstellung des Transfers

„Was ich hier in dem Training lerne, hilft mir sehr viel. Vieles wird mir klar und ich verstehe es besser; aber was soll ich damit zu Hause, in meiner

Familie, in meinem Betrieb, in meiner Organisation, in meiner Schule u. ä. anfangen. Ich weiß nicht, wie ich das hier Gelernte dort verwenden kann."

Ich möchte gern lernen, was ich tun soll, wenn ..."

Diese Fragen wurden immer wieder von Trainingsteilnehmern gestellt. Dahinter verbirgt sich der Wunsch, Kommunikationsstrategien zu erlernen.

Die Notwendigkeit zu planen, wird in einer Zeit der sich beschleunigenden Veränderung immer deutlicher erkannt. In Wirtschaft und Gesellschaft gibt es Kurz-, Mittel- und Langfristplanung. Planung wird groß geschrieben. Für die Umsetzung der Planung in die Realität gibt es strategische Konzepte.[28] Auffallend ist, daß die Planung der Kommunikationsprozesse, durch die ja in den meisten Fällen die übrige Planung erst zur Ausführung gebracht werden kann, vielfach fehlt. Doch nicht nur für die Umsetzung von Planungen benötigt man Kommunikationsstrategien. – Häufig sind es Kommunikationsstörungen, die in Familie und Beruf in mikro-, meso- und makrasozialen Bereich erlebt werden, die beseitigt werden müssen. Auch für die Beseitigung dieser Störungen bedarf es der Strategie.

Nun sehen wir es nicht als ausreichend an, wenn am Ende des Kommunikationstrainings von den Trainern bzw. der Gruppe Lösungen von Kommunikationsproblemen angeboten werden. Für uns ist es wichtiger, daß die Teilnehmer zu selbständigen Lösungen befähigt werden, daß sie also selbst Kommunikationsstrategien entwickeln und durchführen können.

Dazu ist es notwendig, daß die einzelnen Strategieelemente erkannt und gehandhabt werden können.

2.5.1 Analyse der Kommunikationssituation

Jede Strategie baut auf einer Situationsanalyse auf. Jeder Teilnehmer muß daher seine eigene Kommunikationssituation beschreiben und analysieren. Dazu verwenden wir zwei Analyseschemata:
Erstes Schema:

a) Funktionsanalyse. Folgende Fragen werden gestellt: Mit wem arbeiten Sie zusammen? Wie ist die Aufgabenteilung? Wer gibt die Aufgaben? Wer fällt die Entscheidungen? Wie kommen Entscheidungen zustande? Wer teilt Ihnen was mit? Wen informieren Sie? Welche Funktion hat wer im Kommunikationsnetz?
b) Strukturanalyse. Dazu die Fragen: Wie ist die Kommunikationsstruktur, wie das Kommunikationsnetz? Wie sind die Verflechtungen der Kommunikationskanäle? Welche Ziele haben die Strukturen? Wer sind die einflußreichsten Personen oder Institutionen, mit denen Sie zusam-

menarbeiten müssen? Wie sind die Beziehungen zu diesen? Wie ist der Informationsfluß? Welche Störungen treten auf?

Nach der Situations- und Strukturanalyse erfolgt die Interpretation der Kommunikationssituation. Dazu helfen folgende Fragen: Wie erklären Sie sich diese Situation? Was sehen Sie als das vordringlichste Problem an? Was sind die eigentlich zentralen Fragen? Welche Störungen erleben Sie? Was halten Sie für die Ursache dieser Störungen? Welche Probleme halten Sie für die zwei wichtigsten? Welche Probleme müssen daher zuerst gelöst werden und welche Lösungen sehen Sie?

Zweites Schema:

Folgendes graphisches Schema erleichtert die Analyse der Kommunikationssituation:

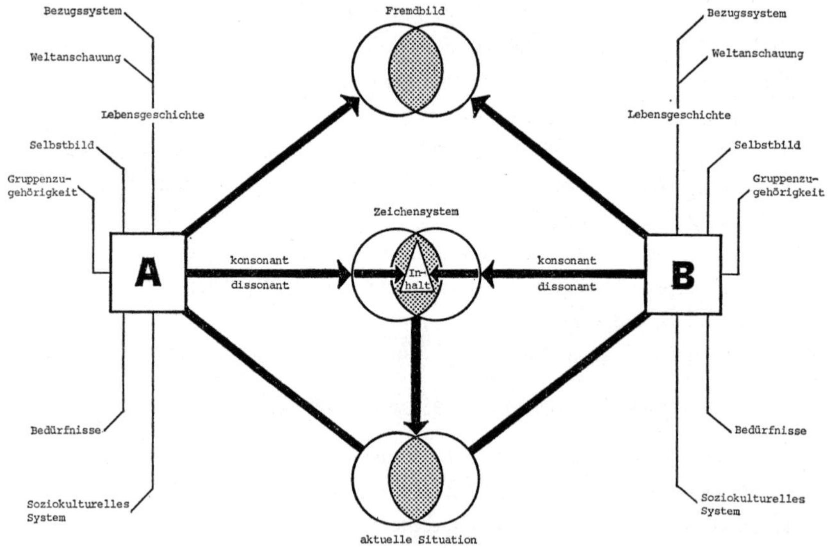

Dieses Schema geht davon aus, daß zuerst das Selbst- und Fremdverständnis der Kommunikationspartner, also das Selbst- und Fremdbild genau untersucht werden müssen. Es werden dabei die Faktoren aufgezeigt, die die Kommunikation beeinflussen, wie z. B. die Lebensgeschichte, aus der heraus das Bezugssystem und die Weltanschauung kommen, die Gruppenzugehörigkeit und wie stark der einzelne in den verschiedenen Gruppen integriert ist, die augenblicklichen Bedürfnisse, die ihn bewegen, das soziokulturelle System, in dem er steht (also der Betrieb, die Gesellschaft, die ihn bestimmen).

Aus dieser Analyse der Faktoren ergibt sich der Punkt, bei dem sich die Bezugssysteme überschneiden; es gibt den Punkt, bei dem gefragt wird, inwieweit das gegenseitige Bild übereinstimmt. Als nächstes gilt es die aktuelle Situation zu analysieren, die gegeben ist durch den Raum, in dem Kommunikationen stattfinden, durch die Zeit, in der sie hauptsächlich vor sich gehen. Darüber hinaus ist zu fragen, wie die beiden Kommunikationspartner diese Situation erleben.

Dann erst, nachdem die Beziehung der Partner zueinander geklärt ist, wird die Beziehung der Partner zu den Inhalten ihrer Kommunikation analysiert werden können. Dabei ist zu überlegen, inwieweit beide den Inhalt gleich sehen, inwieweit das Zeichensystem so übereinstimmt, daß es von beiden Teilen eine gleiche Interpretation erfahren kann, inwieweit dieser Inhalt von den Partnern gemeinsam konsonant oder dissonant erlebt wird, was Konsonanzen bzw. Dissonanzen auslöst, wie eventuell die Dissonanzen in Konsonanzen umgewandelt werden können oder wie weit die Dissonanz-Toleranz-Grenze reicht.

Aus der Situationsanalyse und der Interpretation der Situation kommt als nächster Schritt und damit als nächstes Strategieelement:

2.5.2 Die Issueformulierung

Ziel dieser Issue-Formulierung ist es, das zentrale Problem zu finden. Sehr häufig wird an Symptomen herumkuriert, ohne die eigentliche Ursache von Kommuniktaionsstörungen zu finden. Daher ist es notwendig, sich zu fragen: Was ist das hinter all diesen Symptomen stehende Problem? Ein Beispiel dafür aus einem Training:

Ein Ministerialbeamter erklärte einmal: „Die sicherste Methode, etwas geheim zu halten ist die, es im Verordnungsblatt des Ministeriums zu veröffentlichen, denn dies liest niemand.“ Diese sicher etwas übertriebene Bemerkung ist ein Symptom für eine sehr häufige Erscheinung, daß nämlich der Informationsfluß von oben nach unten so redundant ist, daß die Informationen nicht zur Kenntnis genommen werden. Die Kommunikationsstörungen, die dadurch auftreten, sind oft gravierend. Die einfachste Interpretation dieser Erscheinung in hierarchischen Systemen lautet meist: Die Untergebenen sind indolent, faul und desinteressiert und daher selbst schuld, wenn dieser Informationsfluß nicht funktioniert. Es wird in solchen Fällen mit Strafen gedroht, wenn etwas nicht zur Kenntnis genommen wird.

Ist es aber das eigentliche Problem? Ist damit die Situation überhaupt ausreichend interpretiert? Könnte es nicht sein, daß die Informationsflut so groß ist, daß sie der einzelne gar nicht mehr bewältigen kann? Könnte es nicht sein, daß die Redundanz so stark ist, daß der einzelne sich fragt, wozu soll ich dies alles lesen? Könnte es nicht der Fall sein, daß in der Informationsweitergabe eine rein monologische Form gewählt wird, die keineswegs die Situation des Kommunikationspartners mitberücksichtigt? Könnte es nicht sein, daß die Beziehung zwischen oben und unten so sehr gestört ist, daß sich niemand veranlaßt sieht überhaupt zu beachten, was jemand mitteilt?

Das zentrale Problem läge in diesem Fall in der Beziehung der Kommunikationspartner zueinander. Würde nämlich die Beziehung besser sein, so könnte sich der von „oben" überlegen, was für den „unten" wichtig ist. Er könnte dialogischer kommunizieren. Er würde nicht nur den Informationsfluß von oben nach unten pflegen, sondern in einem verstärkten Ausmaß auch den von unten nach oben.

2.5.3 Die Zielformulierung

Aus der Issue-Analyse, also aus dem Formulieren des zentralen Problems, können nun die Ziele gefunden werden. Diese Zielformulierung ist der entscheidende Schritt in der Kommunikationsstrategie überhaupt. Bei dieser Zielformulierung sind möglichst alle zu beteiligen, die bei der Verwirklichung dieses Zieles mitwirken sollen. Dadurch kann die Identifikation mit diesem Ziel besser erreicht werden.

2.5.4 Die Zielverwirklichung

Im folgenden wird überlegt, welche Schritte notwendig sind, um dieses Ziel zu erreichen. Am Schluß der Strategieentwicklung steht die Klärung: Wer macht was? Und was ist der erste Schritt?

2.5.5 Zusammenfassung

Veränderungen können heute nicht mehr dem Zufall überlassen werden. Planung und Steuerung sind unerläßlich. Strategien sind notwendig, um Planungen in die Wirklichkeit umzusetzen. Kommunikationsstrategien sind Mittel für die Verwirklichung von Planungen.

Teamarbeit hat heute häufig Planung und Planverwirklichung als Aufgabe. Die Kommunikation in den Teams selbst und die Kommunikationsstrategien in der Verwirklichung der Planung sind für eine fruchtbare Teamarbeit notwendig. Ein Ziel des Kommunikationstrainings ist daher, Kommunikationsstrategien entwickeln und verwirklichen zu lernen. Um dies zu erreichen, ist die Kommunikationssituation zu analysieren und zu interpretieren. Diese Analyse besteht in einer Funktionsanalyse und einer Strukturanalyse. Aus der nachfolgenden Interpretation wird die Issue-Formulierung, also die Formulierung des zentralen Kommunikationsproblems entwickelt. Nach der Erkenntnis des zentralen Kommunikationsproblems erfolgt die Zielformulierung und daraus die Formulierung des Weges, wie dieses Ziel erreicht werden kann. Das Ergebnis der Kommunikationsstrategie ist die Aufteilung, wie welche Kommunikationsprobleme gelöst werden sollen, und welches jeweils der erste notwendige Schritt ist.

3 Erfahrungsberichte über Kommunikationstrainings

In Übereinstimmung mit der Absicht dieses Buches, Erfahrungen und Überlegungen zu Kommunikationstrainings zu beschreiben, folgen nun einige Erfahrungsberichte von Trainingsteilnehmern. Diese Erfahrungsberichte sind von Teilnehmern nach den Trainings geschrieben worden. Sie dienten der persönlichen Verarbeitung der Trainingserfahrungen und zugleich als Berichte für an Kommunikationstrainings Interessierte.

Wenn wir diese Erfahrungsberichte von Trainingsteilnehmern hier veröffentlichen, verfolgen wir damit mehrere Absichten:

a) Es sind konkrete Beispiele oder Illustrationen (case-stories), wie Trainings von Teilnehmern erfahren werden und was diese für sie persönlich bedeuten.

b) Diese Erfahrungsberichte geben den Lesern ein Bild davon, wie das Programm ausschaut, wie diese Trainings aufgebaut sind und wie die Methoden erlebt werden; darüber hinaus informieren sie über den Verlauf des Trainingsprozesses und das, was in einem Training stattfindet. Diese Berichte geben also konkrete Einblicke in Kommunikationstrainings.

c) Die hier gebotenen Erfahrungsberichte beziehen sich auf ein Wochentraining und auf drei Dreitagetrainings. Diese Erfahrungsberichte zeigen also zugleich, daß Kommunikationstrainings nicht nur in einem Trainingsmodell durchgeführt werden können, sondern daß die gleichen Kommunikationstrainingsziele mit verschiedenen Modellen erreicht werden können.

d) Diese Erfahrungsberichte illustrieren konkret, was mehr theoretisch in den ersten beiden Kapiteln dargestellt wurde. Sie bieten uns auch die Möglichkeit, am Ende dieses Kapitels den Trainingsverlauf mehr systematisierend und idealtypisch zu beschreiben. Zugleich können auf der Basis dieser Erfahrungsberichte im nächsten Kapitel die methodischen Eigenarten und Merkale des Kommunikationstrainings näher expliziert und geordnet werden.

e) In diesem Zusammenhang sei auch gesagt, daß Trainingsmodelle von uns flexibel hantiert werden. Nicht zuletzt deshalb, weil wir uns noch in einer Experimentierphase befinden. Wir als Trainer lernen auch noch jedes Mal von jedem neuen Kommunikationstraining. Die gemachten Erfahrungen werden für die Programme der nächsten Trainings kreativ verarbeitet. So kann es passieren, daß bestimmte Trainingselemente in späteren Trainings ausgeklammert und andere neue Elemente eingebaut werden. Dies heißt also, daß das Kommunikationstraining auch programmatisch ständig in Entwicklung ist. Dies zeigt sich auch in den folgenden Erfahrungsberichten und in dem Abschnitt über die Schilderung des Trainingsverlaufs.

3.1 Erfahrungsbericht I: Das Wochentraining

Der hier folgende Bericht über ein Wochentraining stammt aus der Zeit, als wir das Training noch „Sensibilisierungstraining für Massenmedien und Gruppendynamik" nannten. Das Training, worüber hier berichtet wird, fand 1972 in Chur statt. Der Bericht wurde von einem Studenten der Publizistik verfaßt. Die Trainingsgruppe bestand aus vierzehn Teilnehmern, neun Männern und fünf Frauen. Sie kamen aus Österreich, Deutschland, der Schweiz und Holland. Die Altersunterschiede lagen zwischen 25 und 70 Jahren. Die Berufe waren: Lehrer, leitende Persönlichkeiten aus der Erwachsenenbildung, Theologen und Studenten.

Der Bericht umfaßt zwei Hauptteile:

a) Das Training und sein Verlauf

b) Strategie (Möglichkeiten und Ansätze für die eigene Arbeitssituation)

ad a) *Das Training und sein Verlauf*

A. In der Programm-Ankündigung wurden vier Abschnitte unterschieden, die nicht hintereinander im Verlaufe der Woche, sondern täglich wiederkehrten:

- Individualphase
- Gruppenphase
- Reflexionsphase
- Informationsphase

Weiter waren im Programm für jeden Tag ein besonderes Thema oder besondere Schwerpunkte vorgesehen.

Weil es sich um einen Gruppenprozeß handelt, ist ein aufgestelltes Programm wohl nie genau durchführbar, sondern es wird von Tag zu Tag den Bedürfnissen und Situationen der Gruppe und ihrer Glieder angepaßt.

B. Das Programm in Chur

1. Abend (1. Januar)

Der erste Abend war gezeichnet durch eine starke Individualphase, verbunden mit einer kleineren Gruppenphase.

Individualphase:

a) jeder Teilnehmer unterzog sich folgenden Tests:
   - thematic apperception test (zu einer Serie Bilder soll eine möglichst dramatische Geschichte erzählt werden)

- Einstellungsskala (es ging darum, eine Selbstbewertung oder -einschätzung auf verschiedenen Skalen abzutragen)
- FPI (Freiburger Persönlichkeitsinventar)

b) von jedem Teilnehmer wurde einzeln ein kurzes Statement auf Video aufgezeichnet: Name, woher man kommt, was man tut, welche Erwartungen an den Kurs gestellt werden.

Gruppenphase:

Eine erste Gruppenphase wird eingeleitet durch Namenskärtchen (Tischkärtchen). Jeder soll darauf festhalten, wie er in diesem Kurs genannt und angesprochen werden will. Diese Gruppenphase setzt sich dann in einem gemütlichen Beisammensein noch etwas weiter fort.

1. Tag (2. Januar) *Auswertung der Statements*

Der ganze Tag war praktisch ausgefüllt mit der Auswertung der Statements vom Vorabend.

Durch diese Auswertung war einerseits eine Selbsterfahrung, andererseits eine Fremderfahrung möglich, die durch den Einsatz des Mediums viel schneller und gezielter, aber auch ‚handgreiflicher' vorangetrieben werden konnte, als sonst in einem Gruppenprozeß möglich wäre.

In einer kurzen Informationsphase wird gegen Ende des Tages kurz aufgerissen, wie man von einer Ansammlung einzelner Personen, über eine ‚beginnende Gruppe' zu einer wirklichen Gruppe zusammenwachsen kann.

Eine „naturale Meditation" erlaubt aus dem Tagesstreß wieder etwas auszusteigen.

2. Tag (3. Januar) *Erlebnisanalyse mit Film*

Der Hauptakzent lag in der Erlebnisanalyse, die zum Teil bereits am ersten Tag mit der Auswertung der Statements ihren Anfang genommen hat.

Filmvisionierung:

Der Ausgangspunkt bildet ein Kurzfilm, Titel: „Nicht alles ist ein Vogel was fliegt."

Ohne jede Einführung wurde der Film visioniert, anschließend wird der Fragebogen individuell ausgefüllt.

Aus diesen Ergebnissen und den gestellten Fragen entstanden sehr intensive Gespräche, die dem einzelnen in Selbst- und Fremderfahrung ganz wesentlich weiterhelfen konnten.

Es ging dabei nicht darum, jetzt das oder die richtige Meinung zu finden, sondern die Interpretationen der Äußerungen waren immer offen und als Vermutung zu sehen, denn die Richtigkeit bleibt im Entscheid des einzelnen, der eine bestimmte Aussage im Fragebogen gemacht hatte.

In welcher Richtung die Analyse ging, läßt sich am besten so kurz darlegen:

In der menschlichen Kommunikation gibt es vier verschiedene Bereiche:

- einen Bereich, den nur ich kenne
- einen Bereich, den nur der andere kennt
- einen Bereich, den wir gemeinsam kennen
- einen Bereich, den beide (noch) nicht kennen, der aber auch vorhanden ist,

das gemeinsame ‚Kennen und Wissen' immer größer wurde und das nur individuelle ‚Kennen und Wissen' möglichst gering werden sollte.

Kommunikations-Diagramm:

Da das Gespräch im Laufe des Tages zum Teil schleppend, zum Teil hitzig, zum Teil tiefgehend vor sich ging, jedoch niemand mehr sich so richtig in der „beginnenden Gruppe" auskannte, wurde versucht mit einem Kommunikationsdiagramm etwas Klarheit zu schaffen.

Den Tagesabschluß bildete die Aufzeichnung von drei Interviews. Je drei Gruppenmitglieder mußten vor der Kamera erscheinen. Einer stellte Fragen, die anderen gaben Antwort. In diesen Fragen wurde versucht, einen Tages- und Tagungsrapport festzuhalten.

Anschließend wurden die drei Interviews gemeinsam vorgeführt und besprochen. Dabei kamen bereits ein paar im Ansatz greifbare Ergebnisse heraus:

- das Auftreten vor der Kamera war gelöster und sicherer als am ersten Abend bei den Statements
- auf die gestellten Fragen wurde wirklich eingegangen. Jeder war um wirkliche Antworten bemüht und strengte sich an, nicht in allgemeine und nichtssagende Sätze auszuweichen.

3. Tag (4. Januar) *Erlebnisanalyse Fortsetzung*

Nachdem für einige Teilnehmer bis jetzt ziemlich viel interpersonal und intrapersonal geschehen war, andere jedoch noch nicht so weit waren, wurde die Erlebnisanalyse mit einem weiteren Film „vorangetrieben".

Weil die Gruppe zu groß war, teilten wir uns nach der Visionierung eines weiteren Filmes in zwei kleine Gruppen.

Nachdem die Gruppen den ganzen Tag kaum miteinander Kontakt hatten, wurde versucht, durch einige Übungen in nonverbaler Kommunikation für alle Teilnehmer wieder eine gleiche Erlebnis- und Erfahrungsbasis zu schaffen.

Es ist praktisch unmöglich, über nonverbale Kommunikation zu berichten. Die folgenden Sätze können höchstens den Ansatz aufzeigen:

- nach einigen Atem- und Entspannungsübungen wurden in einem ersten

Schritt, mit geschlossenen Augen sich langsam vorwärtsbewegend oder tastend, der Raum und alles was sich darin befand von den Teilnehmern einzeln und doch als Gruppe mit den andern erfahren.

- in einer zweiten Übung fanden sich jeweils zwei Teilnehmer zusammen, die nun gemeinsam den Raum erfahren durften. Einer von beiden behielt die Augen geschlossen, der andere führte seinen Partner mit offenen Augen und ‚zeigte' ihm alles das, was ihm wichtig schien und er den anderen erleben lassen wollte. Nach einer gewissen Zeit wurden die Rollen getauscht.
- ein abschließendes freies und offenes Gespräch hat die Möglichkeit, die gemachten Erfahrungen auch verbal auszutauschen. Mit ganz geringen Ausnahmen kann man sagen, daß diese Übungen für alle ein neuer und zu diesem Zeitpunkt des Gruppenprozesses wichtiger Beitrag war.

4. Tag (5. Januar) *Sensibilisierung mit Pornofilm*

Mit dem Einsatz eines Pornofilms ging die Erlebnisanalyse, angeregt durch das Medium Film, langsam zu Ende.

Filmvisionierung:

Titel: „Kontakte, Ich, Du und Ich"

Wiederum wurde nach der Visionierung festgehalten, was hat gefallen, was geärgert. Begründung dazu, Rückerinnerungen etc.

Im anschließenden Gespräch versuchte der Trainer immer wieder den Trainingszusammenhang darzulegen:

- sensibilisiert werden für das, was angeboten wird
- sensibilisiert werden für das, was das Angebot in uns bewirkt (Wirkung von Massenmedienangeboten)
- sensibilisiert werden für die verschiedenen Personen, die das gleiche Angebot gesehen haben. Ihre Konsonanzen, Dissonanzen, Projektionen und Idenfikationen sehen, verstehen und begreifen lernen (Selektivität)
- in diesem Prozeß als Gruppe wiederum das Selbst- und Fremdverständnis aktivieren.

In einer Informationsphase wurde an diesem Tag nun in Form eines Referates Grundbegriffe, Tendenzen und Wirkungen der Kommunikation zusammengefaßt.

Für die Wirkungsforschung, und das war ja unser Interesse an der ganzen Sache, sollte man festhalten:

- daß wir von der lineraren Betrachtungsweise wegkommen müssen K → R oder K ← R. Bisher wollte man die Aussagen zu sehr nur von Kommunikator her in ihren Wirkungen sehen.
- Wir müßten die Aussagen viel mehr in ihrer Abhängigkeit vom Rezi-

pienten her sehen. Zwei Begriffe sind hier wichtig: die Introjektion und die Projektion. Fallen beide zusammen, kommt es zu einer Identifikation, jeweils wiederum in verschiedenen Stufungen.

Der Tag wurde abgeschlossen durch zwei Rollenspiele, die in ihrer Anlage auf den Pornofilm zurückgriffen. Die Situation: eine Familie sitzt abends vor dem Fernsehen, in der Sendung kommen freizügige Szenen vor. Die Familie gerät dadurch in ein Gespräch, wobei die Eltern von einer strengen konservativen Richtung herkommen, die Kinder aber liberale Ansichten vertreten.

Eine ausführliche Aussprache über diese Rollenspiele half wiederum weiter, die verschiedenen Mechanismen bei sich selbst und bei den anderen besser zu erkennen.

5. Tag (6. Januar) *Unterhaltungssendungen*

Visionierung:

Visioniert wurde aus der Reihe „Ihr Auftritt Al Mundy", ‚Diesmal verliert die Spielbank'.

Das Ziel war, einen Einblick zu bekommen in die verschiedenen Spannungen. Dazu wurde ein Raster erstellt.

Auswertung:

Nach der gemeinsamen Visionierung wurden die Ergebnisse auf einer Folie tabellenartig zusammengetragen.

Die Tabelle läßt eine erste Auseinandersetzung zu, indem man sowohl Längs- wie auch Quervergleiche anstellen kann: z. B., daß zu einem bestimmten Zeitpunkt alle gleich bewerten, oder nicht, daß es Schwerpunkte gibt, daß in den verschiedenen Zeiten die Spannungen unterschiedlich abfallen oder ansteigen.

Die einzelnen Teilnehmer konnten vergleichen, mit wem sie wann in der Wertung übereinstimmten oder nicht. Dabei fiel mir persönlich auf, daß Leute, die schon während der bisherigen Arbeit sehr stark zusammengewachsen waren, in der Beurteilung ziemlich gleich lagen.

In einer Informationsphase wurden im weiteren zwei Referate zusammengefaßt vorgestellt. Sie wurden zur weiteren Verarbeitung schriftlich ausgehändigt.

Titel:

- Prozesse und Phasen bei Gruppen
- Teilnehmerrollen und Führungsfunktionen in Gruppen.

Kreatives Spiel:

Den Abschluß des Abends bildete das Anfertigen einer Kollage.

Anschließend wurden die Ergebnisse gemeinsam betrachtet, zum Teil in der Gruppe, zum Teil im privaten Gespräch erläutert und erklärt. Das Ergebnis war, daß nun auch optisch noch mehr das greifbar wurde, was sich im Laufe der Woche bei den einzelnen Teilnehmern an Anliegen, Problemen, Haltungen, Einstellungen etc. herauskristallisiert hatte.

6. Tag (7. Januar) *Assoziationsanalyse, Analyse von Nachrichtensendungen*

Die Assoziationsanalyse:

Ein Film oder eine kurze Sendung wird ohne Einführung gezeigt. Anschließend wird der erste Teil des Fragebogens ausgefüllt. In der Gruppe wird dann der zweite Teil ausgefüllt.

Dann kommt das Gruppengespräch. Geht man mit sehr gezieltem Nachfragen vor, kommen wir in Richtung Erlebnisanalyse, bleibt man eher an der Oberfläche, können interessante und wichtige Informationen zusammengetragen werden.

Nachrichtensendungen:

Es wurden zwei Ausgaben der Tagesschau gezeigt: Fassung SRG und Fassung Adolf Muschg, zur Ankündigung des Nobelpreises von Willy Brandt.

Den Hintergrund der Methode kann man kurz so umreißen:

In der Kommunikationslehre gibt es den Begriff der Einstellung. Eine Einstellung setzt sich aus verschiedenen Komponenten zusammen:

- cognitive Komponente
- affektive Komponente (emotionale)
- pragmatische Komponente.

Zwischen diesen Komponenten oder Ebenen bestehen enge Zusammenhänge.

Will man Einstellungen ändern, muß auf einer dieser Ebenen angesetzt werden. Früher wurde weitgehend auf der cognitiven Ebene angesetzt. Man hat aber herausgefunden, daß auf der affektiven Ebene mehr zu erreichen ist (z. B. Werbung). Heute geht man noch einen Schritt weiter und sieht, daß man mit dem Ansatz auf der pragmatischen Ebene mehr erreicht. Der bessere Weg, um auch zu einer cognitiv erfaßten Änderung der Einstellung zu kommen, ist von unten nach oben: alles was getan wurde, wie es gekommen ist, was getan wurde.

Nachrichten müssen so sein, daß sie nicht zu große Dissonanzen hervorrufen. Es ist darum wichtig, wann und wie ich Dissonanzen hervorrufe, oder wann und wie ich Konsonanzen hervorrufen kann und welches im Augenbilck der beste Weg ist.

Filmgespräch:

Eine wertvolle Ergänzung zu den beiden ausgeteilten Referaten wurde mit einer neuen Übung erreicht.

Gemeinsam wurde ein Kurzfilm angesehen. Titel: „Stufen."

Anschließend wurde mit zwei Kameras das Gespräch über den Film aufgezeichnet. Nach ca. 20 Minuten wurde das Gespräch abgebrochen und ausgewertet.

Es lassen sich bereits Vorfragen stellen, die dann nach der Auswertung Aufschluß geben in Richtung Selbsteinschätzung und Fremdeinschätzung, z. B.:

- geschätzte Dauer des ganzen Gesprächs
- Frage nach der Gesamtdauer der einzelnen Beiträge, unterschiedliche Selbst- und Fremdeinschätzung.
- Frage nach, wie man sich im Gespräch gefühlt hat
- Frage nach der Anzahl Beiträge, die die verschiedenen Teilnehmer gemacht haben, unterscheiden zwischen Einwürfen und wirklichen Beiträgen.

Man kann diese Ergebnisse wiederum auf Tabellen festhalten und bereits in einer ersten Phase kurz durchsprechen, später nochmals darauf zurückkommen, wenn man die verschiedenen Daten mit Stoppuhr und Auszählen erfaßt hat.

Das ganze Gespräch wird nun mit vielen Zwischenpausen nochmals vorgeführt. Dabei werden die Funktionen der einzelnen Teilnehmer in diesem Gespräch, Dependenzmechanismen, Führungspositionen, wer ist Alpha, Beta, Gamma oder Omega Typ etc. analysiert. Beobachtet werden nicht nur die Wortbeiträge, sondern das ganze Verhalten der einzelnen Teilnehmer. Auch die „Körpersprache" spielt ihre Rolle.

Leider war unsere Zeit etwas kurz bemessen. Allgemein muß man für ein aufgezeichnetes Gespräch von ca. 20 Minuten bei fünf bis sechs Teilnehmern ca. zwei Stunden für die Auswertung berechnen.

7. Tag (8. Januar) *Tagungsabschluß*

Einerseits wurden die gleichen Tests wie am ersten Tag nochmal aufgenommen (die Auswertung wird später auf Wunsch den Teilnehmern zugestellt). Andererseits werden nochmals Statements aufgezeichnet: was hat am Kurs gefallen, was nicht, Vorschläge etc. Für einen Vergleich mit den Statements vom ersten Tag war die Zeit auch nicht mehr vorhanden.

Dennoch ist schon an diesen neuen Statements sehr stark in Fremd- und Selbsterfahrung aufgefallen, daß in dieser Woche bei allen Teilnehmern Fortschritte auf den verschiedensten Ebenen erreicht wurden.

ad b) *Strategie (Möglichkeiten und Ansätze für die eigene Arbeitssituation)*

Es dürfte klar sein, daß mit diesen Methoden, falls sie von nicht kompetenten Leuten und nicht unter Anleitung und Mithilfe von ausgewiesenen Pädagogen, Psychologen, Gruppendynamikern etc., angewendet werden, gefährliche Dinge geschehen können. Für jede dieser Methoden ist darum eine Portion Vorsicht am Platz.

Dennoch scheinen mir Ansätze auch im Institutsbetrieb brauchbar. Das Grundprinzip ist, daß die Ergebnisse anonym bleiben, und nicht in Richtung Erlebnisanalyse vorgestoßen wird.

Ich möchte zum Schluß noch auf die einzelnen Methoden kurz eingehen.

1. Statements zu Beginn einer Arbeitstagung oder -Woche

Es sollte öfters die Möglichkeit geboten werden durch Video-Aufzeichnung Kommentar- und nachfraglos zu einer Selbst- und Fremderfahrung zu kommen, u. U. noch verbunden mit Tips und Hinweisen für ein mediengerechtes Verhalten vor der Kamera, sei es nun für Statements, Interviews oder Gespräche. Einerseits wird fast jeder einmal in die Lage kommen vor einer Kamera zu stehen, andererseits sollte auch ein TV-Kritiker sich mit solchen Dingen auseinandersetzen.

2. Namenskärtchen

Sowohl die Studenten als auch die Dozenten können sich immer wieder Rechenschaft geben, daß man aus den verschiedensten Gründen „Namensschwierigkeiten" hat. In Seminarien und Arbeitswochen würde ein solches Hilfsmittel den Kontakt und damit auch eine bessere Kommunikation vorantreiben.

3. Aufgezeichnete Gespräche

Könnten helfen, bestimmte Grundfehler in der Kommunikation und bestimmte Mechanismen aufzuzeigen. Man könnte auch andere, nicht von uns geführte Gespräche, dazu verwenden.

4. Reflexionsphasen

sollten im Institutsbetrieb sowohl unter den Studenten als auch unter den Professoren und auch gemeinsam von Zeit zu Zeit eingebaut werden. Die Schwierigkeit besteht darin, daß in erster Linie, weil man sich zu wenig kennt, Überzeugungen, feste Meinungen und Standpunkte zusammengetragen werden, falls es nicht gelingt, offen über vorkommende Mechanismen zu diskutieren.

5. Erlebnisanalyse mit Film

Es besteht meines Erachtens die Möglichkeit anonym die grundsätzlichen Verschiedenheiten auf dem Erlebnisbereich zusammenzutragen und darzulegen, ohne dabei zu sehr in den Intimbereich des einzelnen vorzudringen. Es scheint zwar klar, daß jeder anders empfindet, aber über die tatsächliche Verschiedenheit haben wir meist nur ein höchst unklares Bild oder geben uns Illusionen hin.

6. Kommunikationsdiagramm
Ob es in der Arbeit des Instituts von Vorteil einsetzbar ist, kann ich nicht beurteilen.
7. Tagesrapporte in Form von Interviews
scheinen eine brauchbare Möglichkeit zu sein. Einerseits als Übung in Interviews ganz allgemein, andererseits als Übung in Fernseh-Interviews. Es würde auch die Möglichkeit bestehen mit Tips und Hinweisen zu einem besseren Auftreten und besseren Fragen und Antworten zu kommen.
8. Rollenspiele
könnten als Kommunikationsübungen angelegt werden. Schwierige Situationen könnten durchgespielt werden, z. B. man soll ein Interview machen, kommt aber bei der betreffenden Person kaum an. Wie packt man das an, hier wäre der Ansatz zu verschiedenen Gesprächstechniken und praktischen Übungen.
9. Unterhaltungssendungen
Das Aufzeigen des Erlebnis- und Spannungsverlaufes sowie der unterschiedlichen Bewertung sollte öfter eingesetzt werden. Ich glaube, daß man damit eine Möglichkeit hätte, hinter die Sendungen zu fragen oder z. B. vorkommende Gesprächssituationen von „Guten Abend Nachbarn" bis zu „Wünsch dir was" zu durchleuchten.
10. Assoziationsanalyse
Mir scheint es brauchbar, wenn man solche Assoziationen zusammenträgt und Informationen bekommt, ohne sich zu sehr in eine Erlebnisanalyse zu vertiefen. Und gerade diese Informationen können eine fruchtbare Zusammenarbeit auf längere Zeit befruchten.
11. Kreatives Spiel
Waren es in Chur Collagen, in denen man sich ausdrücken konnte, haben wir bei uns, falls man den Begriff Spiel weit und zugleich ernst faßt, bereits ähnliche Dinge gemacht: Herstellung von Tricksequenzen, Herstellung einer Radiosendung, Film über das Priester-Bild.

Dabei ist nicht unbedingt immer das greifbare Ergebnis ausschlaggebend, sondern der ganze Gruppenprozeß muß auch gesehen, beachtet und analysiert werden. Ansätze waren auch letztes Jahr im Seminar über die SRG vorhanden.

Leider fehlt aber bei uns meistens die vertiefende Aussprache (Reflexionsphase) über das was gemeinsam geschaffen und erlebt wurde.
12. Nachrichtensendungen
Mir scheint hier eine Möglichkeit zu liegen, z. B. Begriffe der Kommunikationstheorie (Dissonanz, Konsonanz, Identifikation, Projektion etc.) am kon-

kreten Material aufzuzeigen, rein durch das Zusammentragen der Unterschiede und einer ersten Analyse, ohne dabei in eine vertiefte Erlebnisanalyse einzusteigen." [1]

3.2 Erfahrungsbericht II: ein Dreitagestraining

Der nachfolgende Bericht wurde von einem Studenten der Germanistik der Universität Salzburg verfaßt. Er nahm zusammen mit Studenten der verschiedensten Fakultäten an den in jedem Semester an der Universität stattfindenden Kommunikationstrainings I, II und III teil.

„Kommunikation spielt in unserem Leben eine zentrale Rolle. Sie erst ermöglicht es uns, aus unserer Individualität, die wir dabei nicht aufgeben müssen, herauszutreten in eine soziale Form des Zusammenlebens, wie etwa Gruppe, Familie oder Staat. Die hierbei notwendige Kommunikation kann uns zur Freude, ja zum Vergnügen werden, aber auch zur Last, zu einem unwillkommenen, beklemmenden „Muß".

Wir schreiben keine Briefe, weil wir uns nicht ausdrücken können. Wir nehmen an keinen Diskussionen teil, weil unser Beitrag unbeholfen klingen könnte. Wir sagen lieber nichts. Uns fehlt die Fähigkeit zur verbalen Kommunikation. Besonders deutlich wird das, wenn wir öffentlich sprechen müssen, womöglich noch vor großem Publikum oder Mikrophon und Kamera.

Auch im Universitätsbetrieb, ja selbst an publizistischen Instituten, müssen wir immer wieder feststellen, daß eine große Mehrheit einfach nicht in der Lage (vielleicht auch nicht willens) ist, sich entsprechend zu artikulieren. Was dadurch für sie selbst und für andere verloren geht, sei dahingestellt. Tatsache aber ist, daß es zumeist nicht genügt, zu wissen, sondern daß es gilt, Wissen auch weiterzugeben und auszutauschen. Diese Fähigkeit zur verbalen Kommunikation wird momentan an unseren Bildungsinstituten nur sehr mangelhaft, wenn überhaupt, vermittelt.

Nun gibt es neue Wege, von deren Erfolg sich schon seit einigen Jahren eine Reihe von Studenten am publizistischen Institut der Universität Salzburg überzeugen konnten. Etwa der Form der von Univ. Doz. Prof. Dr. Zöchbauer durchgeführten „Kommunikationstrainings". In jeweils dreitägigen Intensivveranstaltungen demonstrierte er den Teilnehmern am Wandel ihres eigenen Verhaltens die immensen Möglichkeiten, die durch Trainings dieser Art eröffnet werden können.

Das Gesamtprogramm ist in drei aufeinander aufbauende jeweils dreitägige Intensivkurse gegliedert. Durch verschiedene Übungen werden die jeweiligen Meinungen, Einstellungen und Verhaltensweisen der Teilnehmer provoziert. Genau ist alles mit Spielcharakter durchsetzt. Durch Erfolgserlebnisse wird die Lernfreudigkeit gesteigert und immer mehr Erfolg tritt ein.

Warum aber zeigen nun diese Trainings so rasche und hohe Lernerfolge? Die Antwort darauf ist nicht einfach, resultiert sie doch aus vielen Einzelkomponenten: das Um und Auf ist der Gruppenleiter, seine geschickte gezielte und persönliche Leitung steht ganz oben an, mit ihm steht und fällt der Erfolg. Weiters: man lernt in Kleingruppen – diese Gruppenform läßt höchste Erfolge zu –, das Klima ist ungezwungen, man spricht miteinander und man spielt immerzu. Gerade diese Freude am noch unbekannten Spiel läßt oft eine für Lernprozesse hervorragend geeignete Stimmung aufkommen. Grundsätzlich werden die neuesten soziologischen, psychologischen, technischen etc. Erkenntnisse miteinbezogen und berücksichtigt. Man ist für drei Tage beisammen von früh bis spät, lernt sich nicht nur durch die Arbeit, sondern auch während der Pausen eventuell privat ein wenig kennen, man fühlt sich nicht von „außen" beobachtet, man hat keine Zuseher; es wird so genau als möglich auf die jeweilige Persönlichkeit eingegangen; es werden einem keine dogmatisch fixierten Ergebnisse vorgesetzt, sondern man lernt eben besonders durch Selbsterfahrung, wobei die Ergebnisse oft weit über den Erwartungshorizont hinausgehen, da einem Dinge bewußt (gemacht) werden, die man nicht nur vor Mikrophon und Kamera, sondern gerade im täglichen Leben, in der täglich notwendigen Kommunikation verwenden kann. So gesehen wird Kommunikation zur Freude.

Denken wir aber noch ein bißchen weiter: unsere Sprechunfähigkeit, das mangelnde Bewußtsein unseres verbalen und nonverbalen Verhaltens, die mangelnde Fähigkeit uns und andere zu erkennen und zu beurteilen, all das zu bekämpfen oder besser noch, erst gar nicht entstehen zu lassen, sollten wir schon viel früher beginnen. Bereits in den vor- und frühschulischen Bildungsinstituten sollte angefangen werden, jedem Kind die Scheu vor dem Reden, vor dem Artikulieren der eigenen Meinung, zu nehmen. Damit würde man allen eine Chance geben: der (spätere) Arbeiter wüßte sich gegenüber seinem Arbeitgeber zu formulieren, der Schüler gegenüber seinem Lehrer usw. Voraussetzung dafür ist natürlich, daß autoritär fixierte Strukturen wie in Bundesheer, Schulen, Betrieben etc. eine Artikulation des „Untergebenen" nicht von vorne herein verhindern. Ein Abbau dieser Strukturen müßte mit dem Aufbau von Kommunikationsstrukturen, das heißt Strukturen, die wirkliche Kommunikation zulassen, ja fördern, Hand in Hand gehen.

Seien wir uns darüber klar, daß es in einer Welt der Beziehungslosigkeit, wo einer am anderen vorbeiredet, zu keinem echten Verstehen kommen kann. Wir müssen den Weg zu einer besser funktionierenden Kommunikation gehen. Er wird nicht einfach und mühelos sein, die hier vorgestellten Trainings aber scheinen eine modellhaft-vorbildliche Lösung zu zeichnen." [2]

In diesen Erfahrungsberichten wurde viel über die Eigenart des Kommunikationstrainings gesagt: Trainings als Lernmethoden der Selbst- und Gruppenerfahrung, die Strukturierung und Methoden des Kommunikationstrainings. Im vierten Kapitel werden diese Aspekte näher dargestellt. Auch das Trainerverhalten und seine Einstellung kam in diesen Erfahrungsberichten zur Sprache. Die Anforderung an den Kommunikationstrainer werden im Kapitel 6 beschrieben.

3.3 Idealtypische Beschreibung des Prozeßverlaufes eines Kommunikationstrainings

Kommunikation definierten wir als „Übermittlung von Inhalten zwischen Partnern mit dem Ziel der Verständigung". Diese Übermittlung und vor allem die Erreichung dieses Zieles, nämlich die Verständigung kann nicht innerhalb kurzer Zeit erfolgen, sondern es bedarf eines längeren Zeitabschnittes. Kommunikation ist also als Prozeß zu sehen. Kommunikation ist nicht statisch sondern dynamisch. In den Kommunikationstrainings wird im Unterschied zur „Normalkommunikation" der Kommunikationsverlauf bewußt gesteuert und reflektiert. Wir unterscheiden im Kommunikationstraining drei aufeinander folgende Entwicklungsphasen:

a) Die Orientierungsphase
b) Die Sensibilisierungsphase
c) Die Strategiephase.

Dieser Verlauf wird im folgenden idealtypisch geschildert und am Schluß in einem Schema zusammengefaßt.

3.3.1 Die Orientierungsphase

Meist sehen sich die Teilnehmer des Kommunikationstrainings zum ersten Mal. Die Situation ist für sie völlig neu. In dieser Beginnphase des Kommunikationsprozesses reagieren die Partner als Personen, die noch keine ausgesprochenen und klaren Beziehungen zueinander haben. Die intrapersonale Kommunikation ist in dieser Phase sehr stark. Jeder denkt sich viel über den anderen, sagt ihm dies aber nicht. Die Partner wissen nicht, woran sie sind und was sie voneinander erwarten sollen. Es entsteht Unsicherheit und in vielen Fällen fühlt man sich von dem anderen bedroht und deshalb wartet man ab, um sich nicht bloßzustellen, bzw. um nicht verletzbar zu werden.

Die Anfangsphase einer Kommunikation ist deshalb meist durch unterschwellige Gefühle von Unsicherheit, Erwartung, Abhängigkeit und Bedrohung gekennzeichnet. In dieser Phase des Kommunikationsprozesses treten in der Trainingsgruppe auf einer präreflexiven Ebene folgende Fragen auf: „Wer bin ich innerhalb dieser Gruppe? Inwieweit kann ich mich engagieren? Hat es einen Sinn, eine Initiative zu ergreifen, ohne dabei das Risiko einzugehen, meine Persönlichkeit zu schädigen? Soll ich überhaupt etwas sagen oder soll ich lieber abwarten, bis die anderen initiativ werden? Was soll ich überhaupt tun?"

Es treten aber auch Fragen im Bezug zum Partner auf. Es wird überlegt: „Wie werden die anderen auf mich reagieren? Werden sie mich akzeptieren oder eher ablehnen? Werde ich überhaupt in der Lage sein, mich bei den anderen verständlich zu machen? Sind die anderen bereit, mich so zu nehmen, wie ich wirklich bin, und sich so zu geben, wie sie wirklich sind, oder spielen sie mir etwas vor?"

Es treten Fragen in bezug auf den Leiter des Trainings auf: „Wird er mich wirklich verstehen oder wird er ein vorgefaßtes Schema auf mich anwenden? Ist er mir gegenüber positiv oder negativ eingestellt? Ist er überhaupt einer von uns oder will er nur die Gruppe für seine Zwecke benützen? Will er uns manipulieren? Kann er mir wirklich helfen?"

In bezug auf das Geschehen in der Gruppe wird überlegt: „Wie wird sich die Sache jetzt entwickeln? Wie werde ich auf neue, auf mich zukommende Forderungen reagieren?"

Die Kommunikationspartner sind zu einer bestimmten Aufgabe zusammengekommen. Sie wollen Kommunikation und damit Verständigung erlernen. Sie fangen daher mit der Kommunikation untereinander an. Sie fühlen, daß sie sich untereinander besser kennenlernen müssen. Sie versuchen daher herauszubekommen, mit wem sie es zu tun haben, um ihren Kommunikationspartner richtig einschätzen zu können. Für diese Kommunikationssituation gibt es keine festen Verhaltensmuster, und dies verunsichert. Zeigt einer der Teilnehmer eine Schwäche, kann es passieren, daß er darauf angesprochen wird. Die Folge ist, daß er nicht bereit ist, die Schwäche zuzugeben. Er kommuniziert in Richtung Verteidigung und Rechtfertigung. Er befürchtet, daß er falsch beurteilt wird.

So kann es dazu kommen, daß in dieser Phase entdeckt wird, daß Angriff und Verteidigung, Rivalität und Angst in der Kommunikation störend sind. Es wird erlebt, wie notwendig es wäre, einander Sicherheit und Vertrauen zu geben. Aber dieses Vertrauen kann nicht gegeben werden, man kennt sich noch zu wenig. Eine Art gegenseitige Toleranz entsteht. Die Kommunikationsdynamik ist weitgehend unbewußt wirksam. Es herrscht monologische Kommunikation vor. Im Zuhören und Sprechen wird selektiert, allerdings weitgehend unbewußt. Gesprochen wird in erster Linie über Inhalte, über die Beziehungen zwischen den Teilnehmern wird formal und oft in Schablonen gesprochen. Das Nonverbale wird wohl gespürt, aber man weiß es nicht zu deuten. Konfrontation und Konflikte werden vermieden oder unterdrückt.

Man möchte Distanz zu den Partnern halten. Oft dient zur Orientierung die Frage nach dem Beruf des anderen, um ihn dann etwa in ein berufliches Stereotyp einzuordnen und sich dadurch ein „besseres Bild" von ihm machen zu können. Diese Berufsstereotype verhindern die Kommunikation, weil der andere nicht mehr so sehr als individuelle Person, sondern als Positions- bzw. Rolleninhaber gesehen wird. Es werden auch oft dann nur mehr Verhaltensweisen wahrgenommen, die in dieses Sterotyp passen. Oft wird selbst der Beruf nicht mitgeteilt, weil der einzelne um die Gefahr der Stereotypisierung weiß. Tatsächlich bewirken Stereotype eine Wirklichkeitsreduktion. Sie geben eine vermeintliche Orientierung und eine gewisse Sicherheit. Hier liegt auch die Ursache für ihre Konsistenz.

Dem ganzen Training wird am Anfang meist skeptisch gegenübergestanden. Man fragt sich, ob Kommunikation überhaupt erlernt werden kann. Im Gespräch wird von einem Punkt zum anderen gegangen, also vorwiegend in „horizontaler Kommunikation" gesprochen. Über die Kommunikation selbst wird noch nicht reflektiert. Zum Partner gibt man sich formell „offen". Den verschiedenen Anforderungen, z. B. vor dem Videorecorder zu sprechen, werden Widerstände entgegengebracht, die aber nicht als solche erkannt, sondern rationalisiert werden.

All dies sind Momente in den Anfangsphasen der Kommunikationstrainings. Die Aneinanderreihung mag massiv erscheinen, doch sollte der Leser nicht vergessen, daß es sich hier um eine idealtypische Schilderung handelt.

3.3.2 Die Sensibilisierungsphase

Nun engagieren sich die Kommunikationspartner immer mehr. Es entsteht eine merkliche Entspannung, die Bedrohung läßt nach; die Partner fühlen, daß sie sich näher kommen. Auch wissen sie jetzt etwas besser, mit wem sie es zu tun haben, und was sie erwarten dürfen. Die Kommunikation beginnt langsam Gestalt anzunehmen. In den Partnern selbst entwickelt sich immer mehr eine situationsgemäße Einstellung. Sie haben den Wunsch, nun befriedigend und effektiv zu kommunizieren.

Ein „wirklicher Austausch" geschieht noch kaum. Gespräche sind noch häufig an der Oberfläche und nur selten wird „in die Tiefe" gegangen. Die

Partner fordern sich gegenseitig heraus, sie möchten gerne „die Masken“ entfernen. Man wird freimütiger, manche werden sogar aggressiv. Es tritt immer stärker die Frage auf: Wer ist der andere eigentlich? Das Wissen vom Berufsstereotyp genügt nicht mehr. Man erkennt, daß das Stereotyp den Blick auf den Menschen verstellt. Wiederum tritt die Frage auf: Wieweit kann und darf man gehen?

Deutlich wird in dieser Phase, daß die schablonenhafte, formalisierte Kommunikation nicht mehr genügt. Alle wünschen wahrhafte Teilnahme und keine Scheinmanöver. Sie suchen Aufrichtigkeit und wünschen auch zu gefühlsmäßiger Übereinstimmung zu kommen. Manche beginnen dem anderen „Nähe“ zu zeigen.

In dieser Phase wird die Kommunikationsdynamik häufig bewußt erlebt, sie wird wahrnehmbar. Zur bislang horizontalen Kommunikation tritt die vertikale. Das intrapersonale Geschehen wird langsam interpersonell kommuniziert. Man teilt Gefühle, Wünsche und Ängste mit. Dies kann für viele Teilnehmer eine kritische Phase sein. Sie spüren und erleben, daß ein solches Kommunikationstraining kein oberflächliches Lernen ist. Sie werden persönlich gefordert.

Jetzt werden Angriff und Verteidigung offener und direkter. Die affektiven, emotionalen aber auch aggressiven Äußerungen nehmen zu. Während bei der ersten Phase das Theoretisieren noch häufiger war, beginnt nun die Kommunikation auf der Erfahrungsebene. Auch die Sensibilität für das Nonverbale steigt. Beurteilen und Verurteilen wird geringer. Die Hintergründe der Aussagen, die in der Lebensgeschichte der Partner liegen, werden erkannt. Der andere wird als Partner akzeptiert. Langsam bildet sich ein bestimmtes Vertrauensklima. Durch gezielte Übungen wird nun die eigene Selektivität im Sehen, Zuhören und Sprechen bewußt. Der Zusammenhang zwischen der inhaltlichen und der Beziehungskomponente in der Kommunikation wird in ihrer Bedeutung erkannt. Langsam erlebt man, daß die Möglichkeit des Verstehens und Verstandenwerdens besteht. Unterschiedliche Intentionen werden jetzt bewußt erlebt. Kommunikation wird bereits Gegenstand der Reflexion, es kommt zur Metakommunikation.

Offenheit wird als wertvolle Möglichkeit der Befreiung und Bereicherung erlebt. Im einzelnen kommen Prozesse in Gang, die Eigenidentität wird dynamisiert. Die Zusammenhänge von Intra-, Inter- und Massenkommunikation werden durch die Übungen deutlich. Widerstände werden geringer und werden als solche erkannt und bewußt.

3.3.3 Die Strategiephase

Nun beginnt sich langsam die „verstehende Kommunikation" zu entwickeln. Sie wird nicht nur als Möglichkeit erkannt, sondern wird auch gehandhabt. Emotionen werden situations- und partnergerecht verbalisiert. Die Dynamik wird besonders stark und wird als wahrnehmbare Vitalität der Gruppe erlebt. Verstellungen werden als nicht mehr notwendig erfahren. Jeder weiß, was er vom anderen erwarten kann und versteht besser, warum der andere bestimmte Dinge so und nicht anders sieht. Stereotype lösen sich auf, der Partner wird nun differenzierter als Person gesehen und akzeptiert. Die eigene Kommunikationssituation kann beurteilt und gesteuert werden. Konflikte und Spannungen, die zwar nach wie vor auftreten, können nun bewußter reguliert und gelöst werden. Jeder erlebt einen kommunikativen Freiheitsraum, in dem es möglich ist, eine dynamische Identität zu entwickeln.

Da das Training nun dem Ende zugeht, wird die Frage nach der Übertragbarkeit des Gelernten auf die „back-home-Situation" immer dringlicher. Zunächst werden die Lernpunkte, die jeweils formuliert werden, auf ihre Bedeutung hin untersucht und eine Prioritätenliste erstellt. Man hat erkannt, daß eine Analyse der jeweiligen „back-home-Situation" notwendig ist. Diese wird gemeinsam mit der Gruppe und dem Trainer versucht. Daraus ergeben sich dann bestimmte Schritte, die auf die Kommunikationssituation zu Hause angewandt, eine Verbesserung herbeiführen sollen und können. Dies wird vor allem dadurch ermöglicht, daß die Teilnehmer gelernt haben intra- und interpersonale Kommunikation fruchtbar zu machen, kreativ zu kommunizieren. Die Teilnehmer können nun aktiv zuhören und authentisch sprechen. Inhalt und Beziehungen können in der Kommunikation bewußt gestaltet werden. Es wird die gegenseitige Anregung zwischen den beiden Komponenten erlebt und eingesetzt. Die eigene nonverbale Kommunikation kann nun auch bewußter eingesetzt werden, um vor allem die Störungen, die aus dem nonverbalen Verhalten kommen, zu verhindern. Die nonverbale Kommunikation des anderen wird ebenfalls bewußter gesehen und kann besser verstanden werden.

Während in der ersten Phase die Distanz vorherrschte und in der zweiten die Nähe, ist nun in der dritten Phase der Punkt erreicht, in der der einzelne je nach der Situation Distanz und Nähe steuern kann. Verstehen und Verstanden werden ist Wirklichkeit geworden. Intentionen der Kommunikationspartner können nun aufeinander abgestimmt werden. Horizontale und vertikale Kommunikation können je nach dem Inhalt und der Situation bewußt eingesetzt werden. Die Metakommunikation als Mittel der Kommunikationssteuerung steht nun als „Technik“ zur Verfügung. Aus dem Vertrauen, das erlebt wurde, entstand der Mut zur Offenheit. Widerstände sind nun kaum bzw. nicht mehr notwendig.

Wir möchten an dieser Stelle aufs Neue bemerken und dies vor allem im Hinblick auf die geschilderte dritte Phase, daß es sich um eine idealtypische Beschreibung handelt. Mit anderen Worten, diese Beschreibung des Phasenverlaufs der Kommunikationstrainings wird angestrebt und mehr oder weniger dann auch tatsächlich erreicht. Darüber hinaus muß aber bemerkt werden, daß dieser Phasenverlauf in der Realität eines Trainings nicht so starr aneinandergereiht aufscheint. Die Phasen können einander überschneiden, es gibt zum Beispiel auch Regressionsmomente in vorhergehende Phasen oder Vorwegnahme noch kommender Phasen.

3.3.4 *Zusammenfassung*

Schwerpunkte der idealtypischen Kommunikationsphasen:

1. Phase	2. Phase	3. Phase
Orientierungsphase	Sensibilisierungsphase	Strategiephase
Kommunikationsdynamik		
unbewußt wirksam	bewußt erlebt	bewußt gesteuert
intrapers. Kommunikation stark, interpers. Kommunikation gering	intrapers. Komm. wird meist interpersonal	intra- und interpers. Komm. Befruchten sich gegenseitig
monologische Komm. unbewußtes selektives Zuhören und Sprechen	monologische dialogische Kommunikation Bewußtwerden der eigenen Selektivität	dialogische Kommunikation aktives Zuhören authentische Sprache
Inhaltskomponente ist vorwiegend bewußt	Zusammenhang zwischen Inhalts- u. Beziehungskomponente wird erlebt	Inhalt u. Beziehung werden bewußt gestaltet u. wechselseitig anregend
Rationale Komm. herrscht vor. Emotionale Komm. in Schablonen	Erleben der Bedeutung der emotionalen Komm.	situations- und partnergerechtes Verbalisieren der Emotionen
Ausschließlich verbale Komm. – nonverbale unbewußt wirksam	Nonverbales wird bei sich und anderen bewußt erlebt	Nonverbale Kommunikation eingesetzt
Konfrontation und Konflikte werden vermieden bzw. unterdrückt	Konfrontation und Konflikte treten auf. Angriff und Verteidigung	Konflikte können durch Konfrontation fruchtbar gelöst werden

Distanz vorherrschend	Nähe wird erlebt und gegeben	Distanz und Nähe werden situationsgerecht hantiert
Stereotypen herrschen als Orientierungsmittel vor (Auto-, Heterostereotyp – Selbst- u. Fremd-Bild)	Stereotypen werden als störend erkannt u. in Frage gestellt	Stereotypen werden aufgelöst Selbst- u. Fremdbild Partner differenziert gesehen u. akzeptiert
Skepsis ob Verstehen überhaupt möglich	Erlebnis der Möglichkeit von Verstehen u. Verstanden werden	Verstehen und Verstanden werden wird Wirklichkeit
kommunikationsintentionen unbewußt	unterschiedliche Intentionen werden bewußt	Intentionen werden aufeinander abgestimmt
Nur horizontale Kommunikation	gelegentlich vertikal	Steuerung von horizontaler und vertikaler Kommunikation
Metakommunikation gibt es nicht	Metakommunikation als positive Möglichkeit erlebt	Metakommunikation wird bewußt eingesetzt
Partner oft als Bedrohung erlebt	Abbau der Bedrohung beginnendes Vertrauen	Vertrauen
formale Offenheit bei unterschiedl. weitgehender Geschlossenheit	Erlebnis der Bereicherung durch Offenheit	Mut zur Offenheit
Vielfach statische oft bedrohte Identität	Dynamisierung der Identität durch Öffnung	dynamische Identität
getrenntes Erleben der Intra-Inter-Massenkommunikation	Bewußtes Erleben des Zusammenhangs von Intra-Inter-Massenkommunikation	Steuerung integraler Kommunikation

3.4 Stagnation und Regression im Kommunikationsverlauf

Im Verlauf des Kommunikationsprozesses treten öfter Störungen auf, die sich bis zu Krisen weiterentwickeln können, die dann die Partner nicht oder nur ungenügend bewältigen können. Oft bleiben die Partner auf der Ebene der Wortklauberei stehen. Die Kommunikation spielt sich nur an der Oberfläche ab. Darunter aber passiert Vieles, was nicht verbalisiert wird. Wenn Verwicklungen auftreten oder Spannungen und Konflikte entstehen, werden diese anfangs meist ignoriert, vertuscht und damit unter den Tisch gekehrt. In den meisten Fällen werden sie nicht durchgesprochen, geschweige denn zu einer wirklichen Lösung gebracht. Darum wirken sie meist auch einfach unter der Oberfläche weiter, bestehen dort fort und tauchen immer wieder auf, manchmal allerdings mit anderen Symptomen. Der Kommunikationsprozeß gerät ins Stocken und bleibt stehen. Die Anforderungen an die Kommunikation sind dann in der Regel viel größer als das Vermögen, diese Kommunikation zu gestalten. Es ist sogar möglich, daß durch diese Störungen die gegenseitigen Beziehungen der Kommunikationspartner schlechter werden. Die Unzufriedenheit und die Verstimmung nehmen zu, bei den Partnern treten Regressionen auf.

Im Hinblick auf die Massenmedien hat die Kommunikation zwischen Kommunikatoren und Rezipienten einen analogen Verlauf, jedoch viel komplizierter. Konfrontiert mit Massenmedienangebot weiß der Empfänger oft nicht, was er damit anfangen kann oder soll. Er konsumiert auf seine Art und Weise dieses Angebot und selektiert, was er gebrauchen kann oder fühlt sich überwältigt und weiß nicht, was er mit diesem Angebot anfangen kann. Die Reaktion ist dann auch oft eine Flucht in die Scheinwelt der Unterhaltungsprogramme. Aber auch diese Flucht hat öfter Pessimismus und Resignation zur Folge. Die Kommunikation zwischen Sender und Empfänger stagniert, es entsteht auch im Hinblick auf die Massenmedien manchmal das Phänomen des Aus-, Gegen- oder Nebeneinanders. Der Empfänger wird nicht durch die Massenmedien mit den gesellschaftlichen Problemen konfrontiert. Er kommt nicht zu einer kritischen Einstellung, ebensowenig zu einer persönlichen Verarbeitung und Stellungnahme.

Die Gründe für Stagnationen und Regressionen können also verschiedenartig sein: Mangel oder Unvermögen zu tiefgehender Kommunikation, zu wenig Aufmerksamkeit und zu wenig Gefühl für die Einmaligkeit eines jeden Partners, Mangel an Empfänglichkeit und Empfindsamkeit, Mangel an dialogischer Haltung, Unwissenheit und Unvermögen vorkommende Spannungen, Störungen und Konflikte zu bemerken und zu einer positiven Lösung zu bringen.

Mucchielli [3] unterscheidet zwei Ebenen in der Kommunikation:

a) die Ebene der wirklichen sofort faßbaren Kommunikation (dabei handelt es sich um das „bewußte Leben“ der Kommunikation);
b) die Ebene des unbewußten Lebens. Diese ist für die Kommunikationspartner nicht leicht erfaßbar. Auf dieser Ebene aber spielt sich die eigentliche und entscheidende Kommunikationsdynamik ab. Das einfühlende Verstehen in diese Ebene der Kommunikation und damit in deren Dynamik sowie das sensitive Hantieren dieser ist für die Kommunikationspartner von höchster Wichtigkeit. Im Kommunikationstraining soll die Sensibilität für diese unbewußte Kommunikationsdynamik geweckt werden.

4 Zur Methode des Kommunikationstrainings

Über die Art und Weise, wie die Ziele des Kommunikationstrainings erreicht werden, wurde bis jetzt nur wenig oder höchstens implizit etwas ausgesagt. Daher soll in diesem Kapitel beschrieben werden, welche methodischen Überlegungen uns beim Aufbau und der Durchführung von Kommunikationstrainings leiten.

4.1 Training als intensivierte und reflektierte Kommunikationserfahrung

Vorausgeschickt sei, daß unter diesem Titel keine eingehende und ausführliche Beschreibung von Trainings und Trainingstypen erfolgen soll.[1] Wir beschränken uns auf einige für uns relevante Aspekte von Trainings und nehmen die Merkmale, worüber in der Literatur weitgehende Übereinstimmung besteht, und die auch für die Kommunikationstrainings zutreffen, in diese Schilderung auf.

Kommunikationstrainings sind eine bestimmte Art von Training. Trainings sind neue Ausbildungsformen, die sich grundsätzlich von anderen Ausbildungsformen, wie z. B. Kursen und Vorlesungen unterscheiden. Denn in Trainings stehen Selbst- und Gruppenerfahrungen der Teilnehmer im Mittelpunkt, sie werden reflektiert und als Lernprozesse fruchtbar gemacht. Neben dem Informationslernen, das lange Zeit im Vordergrund der Ausbildung und Weiterbildung stand, herrscht im Training das Erfahrungslernen vor. Erfahrungslernen heißt aber Lernen *aus* dem Verhalten und Lernen *von* dem Verhalten. Welches Verhalten gelernt werden soll, hängt von der Zielsetzung des Trainings ab.

Neben der Ausbildung des kognitiven Bereiches tritt in den Trainings die bewußt intendierte Ausbildung des Emotionalen, sowie der Aufbau von zwischenmenschlichen Beziehungen. Immer gehen Trainings von der konkreten Situation des *hic et nunc* in der Trainingsgruppe aus, die teils planmäßig in strukturierten, teils mehr zufällig in den total unstrukturierten Trainings zustandekommt. Das Programm ist offen, es wird von dem jeweiligen Prozeßverlauf bestimmt. Jedes Training ist zeitlich begrenzt.

Darüber hinaus sind Trainings nicht nur Gegenstand der Ausbildung sondern auch der Forschung. Immer mehr wird die wissenschaftliche Reflexion in die Trainingspraxis eingebracht.

Zusammenfassend definieren wir daher Trainings als „offene, zeitlich begrenzte Ausbildungsform, in der durch Übung und Reflexion von Selbst- und

Gruppenerfahrungen Einstellungs- und Verhaltensänderungen gelernt werden sollen".

Für die Kommunikationstrainings haben wir die folgende mehr erweiterte Definition entwickelt: „Kommunikationstrainings sind offene, zeitlich begrenzte Ausbildungsformen, in denen durch Übung und Reflexion von Selbst- und Gruppenerfahrungen, sowie vom Erleben und Gestalten massenkommunikativer Mittel und Aussagen, dialogische Einstellung sowie situations-, medium- und partnergerechtes Verhalten gelernt werden soll." In Kommunikationstrainings werden also Kommunikationserfahrungen intensiviert, erlebt und reflektiert. Sie führen zur Erweiterung und Vertiefung des Kommunikationsverständnisses und Verhaltens. Damit ermöglichen sie emanzipatorische Kommunikation und befähigen sie zur kommunikativen Kompetenz.

4.2 Die Strukturiertheit des Kommunikationstrainings

Im allgemeinen wird in Trainings das, was sich „hier und jetzt" „in" und „zwischen" den Teilnehmern einer Trainingsgruppe zeigt, zum Gegenstand von Gespräch und Reflexion. Es geht um Phänomene wie: Wie sieht man sich selbst und wie erlebt man sich selbst? Wie wirkt man auf andere und wie wirken andere auf mich? Wie erlebe ich massenmediale Aussagen und wie erleben die anderen Gruppenmitglieder diese? Wie verläuft die Kommunikation, wenn massenmediale Angebote von mir und den anderen rezipiert werden? Warum reagiere ich darauf so und andere anders? Was zeigt sich diesbezüglich in der Trainingsgruppe? Welche Meinungen setzen sich warum durch, während doch andere kaum bemerkt werden oder unter dem Tisch verschwinden? Wie werden welche Beziehungen aufgebaut und weiterentwickelt? Was passiert warum in diesem Beziehungsaufbau? Was tut man mit auftauchenden Konflikten? Wie werden Gefühle reguliert? Was passiert im Hinblick auf formelle und informelle Führung? usw.

In Kommunikationstrainings handelt es sich um diese und ähnliche Kommunikationsphänomene. Es gehört zu den Zielen des Kommunikationstrainings, diese Phänomene zu erleben, zu reflektieren und zu besprechen, um sie verstehen zu lernen und mit ihnen umgehen zu können. Gerade um diese Phänomene adäquat und zielgemäß erfahren und reflektieren zu können, wird in den Kommunikationstrainings ein flexibler programmatischer Aufbau verwendet, aber verbunden mit einer bestimmten Strukturierung und methodischen Verfahrensweise. Bereits der Einsatz des Videorecorders, wie auch massenmedialer Programme und anderer medialer Hilfsmittel, bringen eine Strukturierung mit sich, wenn man diese Hilfsmittel zielgemäß benützen will.

Die Trainingsstrukturierung erfolgt aus drei bewußt intendierten und darum auch eingeplanten Trainingselementen, welche durchgehend in den Trainings zurückkehren und einander wechselseitig beeinflussen und ergänzen. Diese Elemente dienen den Hauptzielen: der Erreichung kommunikativer Kompetenz und die Befähigung zur emanzipatorischen Kommunikation. Die Trainingselemente sind:

a) Kommunikationsübungen als Ausgangspunkte und Impulse für die Kommunikationserfahrungen über eigenes und fremdes Kommunikationsverhalten.
b) Vertiefung durch Reflexion der Erfahrungen.
c) Strategie für die Änderung der Kommunikationseinstellung und des Kommunikationsverhaltens.

ad a) Die Kommunikationsübungen beziehen sich auf die intra- und interpersonale Kommunikation sowie die Gruppen- und Massenkommunikation. Diese Kommunikationsformen stehen nicht nebeneinander, sie hängen stark voneinander ab, durchdringen sich und beeinflussen sich gegenseitig. Wir sprechen daher von integraler Kommunikation. Selbstverständlich wird die Einsicht und Sensibilisierung für diese Kommunikationsphänomene nicht in *einer* Übung erreicht. Durch die Reihenfolge bestimmter Übungen wird versucht, Kommunikation jedes Mal auf eine andere Art und Weise erleben zu lassen. Nicht jede Kommunikationsübung läßt im gleichen Ausmaß die vier erwähnten Kommunikationsformen zugleich erfahren. Hier gibt es Akzentunterschiede. So z. B. wenn sich am Anfang des Kommunikationstrainings die Teilnehmer vor dem Videorecorder mit einem portraitierenden Interview einander vorstellen. Bei dieser Übung treten Massen- und Gruppenkommunikationsphänomene nicht zu sehr in den Vordergrund, hier wird zumeist erlebt, daß die Fernsehkamera die Situation verändert und daß beim Interviewer und beim Interviewten gewisse Rollenvorstellungen durch die Massenmedien vorgeprägt sind (die massenkommunikativen Erfahrungen sind hier eher indirekt). Wird jedoch später im Training eine Nachrichtenanalyse oder die Analyse einer Unterhaltungssendung durchgeführt, so liegt der Schwerpunkt des Erfahrens auf dem Erkennen der eigenen und fremden Rezeptionsmechanismen.

Die primäre Funktion der Kommunikationsübungen ist das Schaffen einer Basis um sehr unterschiedliche Erfahrungen für alle vier genannten Kommunikationsformen zu erhalten. Diese Erfahrungen werden allmählich vertieft und führen so zu Änderungen der Kommunikationseinstellungen und des kommunikativen Verhaltens.

ad b) Die in den Kommunikationsübungen hervorgerufenen Erfahrungen und Erlebnisse dienen außerdem als Basis für die Reflexion. Erfahrungen und Erlebnisse werden verbalisiert und so ein Beginn zur Verarbeitung gemacht. Die Verbalisierung findet zuerst intrapersonal statt, z. B. wenn jeder Teilnehmer einen Fragebogen ausfüllt, wie bei der Erlebnisanalyse nach der Vorführung eines Films. Diese individuelle Verbalisierung kann jedoch auch durch Aufschreiben individueller Assoziationen (nach dem Sehen eines Filmes oder einer Fernsehsendung), oder durch eine individuelle Nacherzählung eines Medienproduktes vor dem Videorecorder, als auch durch die individuelle Gestaltung einer Kollage geschehen.

An diese verschieden gestalteten individuellen Erlebnisse schließt sich ein Reflexionsgespräch an. Dies kann sehr intensiv und tiefgehend sein. Selbsterlebnis, Beziehungen zwischen den Gruppenmitgliedern, Gruppenphänomene kommen zur Sprache. Es wird vor allem bewußt, wie unterschiedlich und persönlich Erlebnisse und Erfahrungen sind. Es wird deutlich, wie sehr die Lebensgeschichte, Weltanschauung, Bezugssysteme, Wert- und Normsysteme die Kommunikation bestimmen (die Schilderung des Prozeßverlaufes zeigt, welche Kommunikationsphänomene in dieser Reflexion auftauchen).

Durch wiederholte Reflexionsgespräche wird neben der schon erwähnten Sensibilisierung der Teilnehmer für Kommunikationsphänomene die Fähigkeit zur Diagnose dieser Phänomene gewonnen. Zu dem vertieft und erweitert das wachsende Zuhören und Eingehen aufeinander immer mehr das Selbst-, Fremd- und Gruppenverständnis, sowie das Verständnis für die Wirkungen der Massenmedien. Die Einsicht in die integrale Kommunikation nimmt zu.

Nach jedem Reflexionsgespräch versuchen die Trainer durch systematisierende Informationen die besprochenen Erfahrungen zu ordnen, bieten Zusammenhänge und Überblick und untermauern und erklären diese Erfahrungen mit kommunikationstheoretischen Einsichten. Die verschiedenen Kommunikationsphänomene werden so für die Teilnehmer überschaubarer und verständlicher. Auf diese Art und Weise beeinflussen Kommunikationstheorie und kommunikative Erfahrung einander wechselseitig fruchtbar.

ad c) Um den Lernerfolg des Trainings zu optimalisieren und eine möglichst effektive Überbrückung von der Trainingssituation zur „back-home-Situation" zu garantieren, haben wir die Lernpunktformulierung und die Strategie durchgehend in die Trainings eingebaut. Nach jeder Übung und deren Reflexion werden die einzelnen Teilnehmer gebeten, ihre Lernpunkte schriftlich festzulegen. Die Lernpunkte aller Teilnehmer werden dann vorgelesen. Dadurch erfährt jeder, was für wen in seiner Kommunikationssituation wichtig ist. Oft wird noch gemeinsam über diese Lernpunkte weitergesprochen und die Trainer haben die Möglichkeit, zu diesem oder jenem Punkt etwas zu sagen; so bekommen die Trainingsteilnehmer im Verlauf der Trainingswoche eine Liste von Lernpunkten. Es steht außer Diskussion, daß es nicht möglich ist, all diese Lernpunkte nach dem Training beizubehalten und weiter durchzuführen.

Durch die Kommunikationsstrategie vor allem am Ende des Trainings wird die Reflexion gefördert. Die Teilnehmer stellen fest, daß die gleichen Lernpunkte immer wieder auftauchen, und ordnen sie dann nach der Priorität. Mit jedem Teilnehmer wird dann die Liste durchgegangen und gemeinsam überlegt, wie er diese Prioritäten in welcher Situation durchsetzen kann. Gerade die Strategie bietet eine bestimmte Garantie, daß die Trainingserfahrungen auch ihre Weiterwirkungen im Alltag haben.

In diesem Abschnitt über die Strukturiertheit des Kommunikationstrainings kamen regelmäßig einige Punkte zur Sprache, die nun einer Explizitierung bedürfen. Im folgenden soll näher auf die integrale Kommunikation, die Arbeit mit dem Videorecorder, die Lernpunktformulierung, Übungsfunktionen und Übungstypen eingegangen werden.

4.3 Die integrale Kommunikation

Massenmediale Kommunikate lösen beim Empfänger intrapersonale Kommunikation aus. Diese intrapersonale Kommunikation überformt die Aussage der Massenkommunikation im Rezipienten. Deshalb gibt es auch keine einheitliche Wirkung von Massenkommunikation. Der innere Dialog mit den Aussagen massenmedialer Kommunikate dient der Verarbeitung.

Wenn mehrere Rezipienten über ihre Erlebnisse, die sie durch die Massenkommunikation erhielten, ins Gespräch kommen, dann tritt noch die interpersonale Kommunikation dazu. Diese interpersonale Kommunikation kann die intrapersonale Kommunikation, also die Verarbeitung massenmedialer Aussagen, erleichtern.

Massenkommunikation wirkt in der Regel motivierend für die Auseinandersetzung und das Interesse an bestimmten Themen. Die interpersonale Kommunikation nimmt diese Themen auf, macht diese zum Gesprächsobjekt. Es kann zu Einstellungsänderungen bei den Gesprächspartnern kommen.

Die Integration von Massen-, inter- und intrapersonaler Kommunikation hat die gegenseitige Beeinflussung durch diese drei Kommunikationsprozesse zur Folge, und hat die Auseinandersetzung und die Stellungnahme zum Ergebnis. Das heißt, es wird nicht nur die Auseinandersetzung mit der Massenkommunikation erleichtert, sondern die Massenkommunikation kann auch unter Umständen die Gruppenkommunikation ermöglichen, da sie gemeinsame Erfahrungen bereitstellt. Die intrapersonale Kommunikation wiederum gewinnt durch die interpersonale Kommunikation und damit gelingt auch die Auseinandersetzung des Rezipienten mit der Massenkommunikation besser.

Wir haben diesen Tatbestand in den Kommunikationstrainings planmäßig genützt, indem wir Massenmedien u. a. zur Stimulierung von Gruppen- und intrapersonalen Kommunikationsprozessen verwendeten. Die Integration dieser Kommunikationsprozesse ist nach unserer Auffassung Gegenstand und Aufgabe einer Kommunikationspädagogik und muß weiterentwickelt werden. Diese integrale Kommunikation ist gerade in einer pluralistischen und sich in einer dauernden Veränderung befindenden Gesellschaft mit ihrer Informationsüberflutung besonders wichtig. Darüber hinaus dient die integrale Kommunikation auch als methodisches Mittel in unseren Kommunikationstrainings. Wir beginnen die Übungen meist mit einer massenmedialen Phase, führen sie weiter fort mit einer intrapersonalen Phase und schließen sie mit einer interpersonalen und Gruppenphase ab.

4.3.1 Massenkommunikative Phase

Am Anfang der Übungen wird allgemein ein massenmediales Kommunikat vorgeführt. Diese Kommunikate können unterschiedlicher Art sein: Filme, Fernsehsendungen (Nachrichten, Magazinsendungen, Unterhaltungssendungen), Zeitungen, Illustrierte, Schallplatten. Auswahl und Einsatz massenkommunikativer Produktionen hängt von situationellen Faktoren im Trainingsprozeß ab und von den Intentionen, die wir mit diesem Einsatz verfolgen. Wird eine Projektionsanalyse beabsichtigt, dann wird ein Film verwendet, der das Erkennen und Erleben von Projektionen ermöglicht. Wird eine Nachrichtenanalyse durchgeführt, dann kann eine Nachrichtensendung vorgeführt werden, um z. B. das Erkennen und Erleben von Konsonanz-Dissonanzmechanismen und Manipulationstechniken zu erlernen. Allgemein kann man sagen, daß in der massenmedialen Phase massenmediale Kommunikate eingesetzt werden, um bestimmte Massenkommunikationsphänomene zu provozieren und erleben zu lassen, damit diese in den beiden folgenden Phasen Gegenstand der Reflexion werden können.

4.3.2 Intrapersonale Phase

Diese Phase wird in den Kommunikationstrainings nach jeder Übung eingeplant. Es geht in erster Linie darum, daß jeder versucht, sich bewußt zu werden, was das massenmediale Kommunikat bei ihm ausgelöst hat und wie er es verarbeitet. Weil mit unseren Übungen immer bestimmte Ziele verfolgt werden, wird diese Individualphase immer durch bestimmte Fragebogen vorstrukturiert. Auf diese Art und Weise kann der einzelne seine Erfahrungen und Erlebnisse schriftlich sammeln und sich auf die kommende interpersonale Phase vorbereiten.

Diese intrapersonale Phase wird bewußt eingebaut, um das eigene Erlebnis und das eigene intrapersonale kommunikative Verhalten erkennen zu lernen.

4.3.3 Interpersonale und Gruppenphase

In dieser Phase werden die individuellen Erlebnisse der beiden vorangegangenen Phasen miteinander besprochen. Jeder Teilnehmer spricht über sich, und so bekommt man einen Überblick und Einsicht, wie unterschiedlich die Erfahrungen und Erlebnisse des massenkommunikativen Angebotes bei den einzelnen waren. Dieses Gespräch und die sich daran anschließende Reflexion erweitern und vertiefen die Einsicht, wie alle diese Kommunikationsphänomene aufeinander einwirken und die integrale Kommunikation darstellen. Zugleich führt sie auch zu erhöhtem Selbst-, Fremd-, Gruppen- und Massenkommunikationsverständnis.

4.4 Verhaltenslernen mit dem Videorecorder

Der Einsatz des Videorecorders ist für das Kommunikationstraining von zentraler Bedeutung. Er erfolgt grundsätzlich für zwei Aufgabenstellungen:

a) Für die Aufnahme mit der Kamera und die unmittelbar darauf folgende Wiedergabe:
   - von einzelnen, z. B. bei Statements
   - von Paaren, z. B. beim portraitierenden Interview und
   - von Gruppen, z. B. bei der Aufnahme von Rollenspielen und Gruppengesprächen.

b) Für die Aufnahme von Fernsehsendungen, z. B. die Nachrichtensendungen des Tages bzw. von Fernsehspielen für die Nachrichten- bzw. Unterhaltungssendungsanalyse.

Dieses Vorgehen dient dem Verhaltenslernen vor allem durch Selbsterfahrung. Dabei wird meist in sechs Schritten vorgegangen.

- Geben der Übungsanweisung
- Aufnahme des einzelnen, bzw. der Gruppe bei der Übung
- Wiedergabe der Aufnahme im Ganzen, bzw. in kleinen Abschnitten
- Stellungnahme des Aufgenommenen
- Stellungnahme durch die Gruppe
- Stellungnahme durch den Trainer.

Bei diesen Übungen durchdringen sich die verschiedenen Lernformen und bilden dadurch eine neue Art des Lernens.

4.4.1 Das Beobachtungslernen

Diese Form des Lernens geht im Training nicht mit Hilfe eines vorbildhaften Verhaltens vor sich, das beobachtet und nachgeahmt wird. Der einzelne selbst ist Gegenstand der Beobachtung und des Beobachtungslernens. Er wird zum unmittelbaren Gegenstand der Auseinandersetzung. Es ist also ein Lernen durch Selbstbeobachtung. Der Videorecorder bietet den großen Vorteil, daß er in der Selbstbeobachtung die Selbsttäuschung sehr erschwert. Die Videoaufzeichnung hat etwas Unausweichliches.

Während bei einer Kritik durch die Gruppe ohne Videoaufzeichnung noch immer die Möglichkeit für den einzelnen besteht, der Kritik auszuweichen, indem er sich sagt „die mögen mich nicht", „der hat etwas gegen mich", „die sehen mich nur durch ihre Brille" und ähnliches, ist dies bei der Auseinandersetzung mit der Videoaufzeichnung nicht möglich.

Bei Selbstbeobachtung mit Hilfe der Videoaufzeichnung können drei Schritte beobachtet werden:

- eine *Objektivierung* des eigenen Bildes und dadurch
- eine *Distanzierung*, die letztlich
- die *Auseinandersetzung* mit sich selbst ermöglicht.

Beobachtet man das Verhalten der Person vor, während und nach der Aufnahme, vor allem aber beim Vorspielen, bemerkt man eine Ambivalenz. Einerseits ist jeder neugierig, sich zu sehen, andererseits aber hat jeder Angst davor. Wir weisen daher vor Beginn der Arbeit mit dem Videorecorder auf diese Ambivalenz hin, um dadurch bei deren Bewältigung zu helfen.

Nach der Vorführung nimmt grundsätzlich zuerst der jeweils Gezeigte dazu Stellung, da ja für ihn das Sich-Betrachten den stärksten Eindruck darstellt. Dabei kann man grundsätzlich drei typische Verhaltensweisen unterscheiden:

a) Es werden von ihm nur Äußerlichkeiten angesprochen, z. B. ein Satz wäre sprachlich nicht einwandfrei gewesen oder das Ganze war zu kurz oder zu lang, oder die Beleuchtung hätte gestört.

b) Es erfolgt eine generelle Aburteilung. „Ich war ganz schlecht." „Alles war falsch."

   Dahinter steht entweder eine Überforderung der eigenen Person und die Abwertung ist Ausdruck der Enttäuschung oder der Hoffnung, daß die anderen widersprechen und ihn, der sich abwertete, hinaufloben.

c) Es zeigt sich eine differenzierte Selbstannahme.

„Ich habe mir eigentlich im großen und ganzen ganz gut gefallen."

„Ich wundere mich, daß man gar nicht sieht, wie aufgeregt ich war."

„Ich hätte gedacht, ich wäre viel schlechter. Doch dies oder jenes muß ich noch verändern."

Die anschließende Besprechung durch die Gruppe zeigt oft sehr gegensätzliche Aspekte. Der Trainer faßt diese zusammen und versucht aufzuzeigen, bzw. daraus hinzuführen, woher diese unterschiedlichen Eindrücke kommen. Bei der Besprechung mit der detaillierten Vorführung und dem immer wiederum Stoppen der Vorführung gibt der Trainer Hinweise für die Hintergründe des Verhaltens und einer Reihe von Möglichkeiten zur Verbesserung. Dabei wird kein allgemein verbindliches Modellverhalten angestrebt. Vielmehr soll jeder Teilnehmer zu dem von ihm selbst als richtig erkannten Verhalten kommen. Das einzige, was der Trainer verlangt, ist, daß das Verhalten echt, authentisch ist. So kann durch das Beobachtungslernen jeder zu einem von ihm bejahten optimalen Verhalten kommen.

4.4.2 Das Bekräftigungslernen – Reinforcement – und die Extinction

Durch die Auseinandersetzung mit dem eigenen Bild erfolgt einerseits eine Bekräftigung des als positiv erkannten Verhaltens und fördern andererseits eine Extinktion des abgelehnten Verhaltens. Die wiederholte Vorführung macht eine differenzierte Wahrnehmung von realisiertem Verhalten möglich und dadurch auch eine differenzierte Bekräftigung bzw. Extinktion. Welchen Erfolg dies hat, werden wir später noch aufzeigen.

Wie weit die Extinktion gehen kann zeigen Beispiele, bei denen innerhalb von drei Tagen z. B. ein Grimassieren abgelegt werden konnte. Ein weiterer Vorteil des Videorecorders für die Extinktion ist, daß es oft gar nicht notwendig ist, negative Verhaltensweisen verbal anzugehen. Durch dieses Vorgehen könnte zudem die Beziehung des Trainers zu den Trainierten gestört werden. Vielfach genügt nur das Stehenlassen des Bildes in einer entsprechenden Situation, um entweder die Bekräftigung oder die Extinktion zu bewirken.

4.4.3 Das Lernen durch Einsicht

Immer wieder wird mit Hilfe der Videoaufzeichnung Übereinstimmung bzw. Diskrepanz zwischen verbalen und nonverbalen Aussagen untersucht. Meist wird Diskrepanz deutlich erlebt. Die Notwendigkeit echt authentisch zu sprechen wird erkannt. Es erfolgt in diesem Fall ein Lernen durch Einsicht.

Ein anderes Beispiel für das Lernen durch Einsicht ergibt sich bei der Wiedergabe der Aufnahme einer Gruppenkommunikation. Hier wird sehr deutlich erlebt, wie erfolglos und sinnlos z. B. Aggressionen gegen die Gruppe sind. Es wird eingesehen, daß dieses Verhalten nicht effektiv ist.

Das faszinierende an der Arbeit mit dem Videorecorder ist die Möglichkeit der Integration dieser drei Lernformen. Bisher unbewußtes wird oft erstmalig bewußt und korrigierbar. Das trifft vor allem für das nonverbale Verhalten zu. Der einzelne wird zu seinem eigenen *alter ego*. Er kann sich selbst ohne allzu starke emotionelle Verzerrung wahrnehmen. So kann vom einzelnen versucht werden, bisher nicht bewußte Verhaltensweisen in das Selbstbild einzuordnen. Dadurch kann sich das Selbstbild ändern. Diesbezüglich haben Boyd und Sisney bei psychiatrischen Patienten festgestellt: „Interpersonal concepts of the self, the ideal self and the public self became less pathological, and less discrepant with one another following the self-image confrontation." [2]

So ist ein Lernerfolg in dreifacher Hinsicht zu beobachten:

a) Der Aufbau von Selbstsicherheit, Selbstvertrauen und Selbstannahme.
b) Die Sensibilisierung für die verbalen und nonverbalen Aussagen.
c) Die Verbesserung des kommunikativen Verhaltens vor allem durch den Aufbau eines realitätsgemäßen Selbstbildes.

Um aber diese Erfolge zu erzielen ist vom Trainer Sorge zu tragen, daß die „reziproken Affekte" [3] positiv sind, das heißt, daß von vorneherein ein Klima des Vertrauens, des Verstehens geschaffen wird, und daß die Bedrohung, die die Arbeit mit dem Videorecorder sonst mit sich bringt, gering bleibt.

Der Videorecorder ist nach unserer Auffassung das pädagogisch bedeutsamste technische Medium, das allein das unmittelbare Selbsterfahrungslernen ermöglicht und damit den höchsten Lerneffekt für ein Verhaltenslernen bringt.

4.5 Die Aufnahme und Wiedergabe von Fernsehsendungen im Kommunikationstraining

Durch den Videorecorder ist die Aufnahme, Speicherung und Wiedergabe von beliebigen Fernsehsendungen möglich. Im Sinne der integralen Kommunikation, bei der vom Massenmedium ausgegangen wird, bietet sich die Möglichkeit der Aufzeichnung einer Fernsehsendung und der Einsatz dieser zum optimalen Zeitpunkt im Kommunikationstraining. Darüber hinaus ist vor allem die Möglichkeit, Bilder stehen zu lassen, um sie dadurch genauer zu analysieren, von großem Wert. Allerdings hat es sich als notwendig erwiesen, immer zuerst die aufgezeichnete Sendung als ganzes vorzuspielen und die Unterbrechung der Sendung bzw. das Stehenlassen und Analysieren von Bildern und Einstellungen erst bei der zweiten Vorführung vorzunehmen.

Grundsätzlich unterscheidet sich die Arbeit mit dem Videorecorder bei Aufzeichnung von Fernsehsendungen nicht von der mit Filmen. Daher wird darauf nicht näher eingegangen.

4.6 Das Feedback

Im Kommunikationstraining ist das Feedback ein zentrales Phänomen. Es ist ein methodisches Mittel, das immer dem Verstehen dient, und zwar dem Verstehen von sich selbst, von anderen, von Gruppenphänomenen und Phänomenen der Massenkommunikation. Feedback vertieft daher vor allem die Kommunikation.[4] Wenn wir Kommunikation „als Übermittlung von Inhalten zwischen Personen mit dem Ziel der Verständigung" definiert haben, ist impliziert, daß der eine das, was der andere ihm sagen will, auch versteht. Denn jede sinngemäße Antwort auf eine Aussage setzt in der Regel das Verstehen der Aussage voraus. Die Kontrolle für das Verstehen des Inhaltes ist das *inhaltliche Feedback.* Dieses kann implizit oder explizit, verbal oder nonverbal, direkt oder indirekt erfolgen. Jede dialogische Kommunikation verlangt oder beinhaltet, zumindest implizit, Feedback.

Die Aussage darüber, wie ich den anderen und meine Beziehung zu ihm empfinde, ist *relationelles Feedback.* Feedback ist also ein „interaktionelles, reziprokes Geschehen mit dem Ziel, die Verständigung im Kommunikationsprozeß zu verbessern".

Feedback macht bewußt, was im Kommunikationstraining zwischen und in den Partnern vor sich geht; es erleichtert dadurch in der Regel die Verständigung. Feeback gibt den Partnern Informationen darüber, wie sie einander sehen und inwieweit der Inhalt einer Aussage richtig verstanden wurde.

Die Funktion des Feedback ist also dreifach:

- Die kommunikative Situation *hic et nunc* in der Trainingsgruppe wird leichter diagnostiziert.
- Die Sensitivität für den anderen erhöht sich, wie auch das Verständnis dafür, wie dieser andere zum Inhalt der Kommunikation steht.
- Kommunikationsstörungen werden verhindert bzw. aufgehoben. Dies betrifft vor allem die Störungen, die aus dem selektiven Hören und Verarbeiten kommen.

Diese positiven Seiten des Feedbacks treten allerdings nur in Erscheinung, wenn das Feedback situativ und partnergemäß gegeben wird. Trifft dies nicht zu, dann können unnötige Konflikte auftreten. Andererseits kann auch ein situativ und partnergemäß gegebenes Feedback Konflikte hervorrufen, die aber dann notwendig sind und bewältigt werden können.

In der gegenwärtigen soziokulturellen Situation ist das Feedback ein neues Kommunikationsphänomen und deshalb für viele noch problematisch, ja sogar suspekt. Wir finden auch häufig eine ambivalente Einstellung zum Feedback. Dies hat sich immer wieder in unseren Trainings gezeigt:

a) Es wird abgelehnt, da es nicht üblich ist dem anderen zu sagen, wie man ihn empfindet. Es gilt als unhöflich, seine Beziehung zum anderen darzulegen. Es könnten dadurch Konflikte hervorgerufen werden, die von vielen Personen grundsätzlich abgelehnt werden. Aus diesen Gründen wird das relationelle Feedback als nicht adäquat betrachtet.

   Oft wird aber auch das inhaltliche Feedback abgelehnt, da dadurch zu sehr der Eindruck entstehen könnte, man meine, der andere habe sich nicht deutlich genug ausgedrückt, oder zeige dadurch persönliche Verstehensschwierigkeiten.

   Diese Ablehnung besteht allerdings zu recht, wenn Feedback verletzend gegeben wird. Die negativen Auswirkungen von inadäquatem Feedback in Trainings verschiedener Art haben dem Ruf dieser Trainings sehr geschadet.

b) Feedback wird aber heute auch oft begrüßt und gefordert, da der positive Einfluß auf die Kommunikation erkannt wurde. Deshalb befassen sich heute auch verschiedenste Ausbildungsveranstaltungen mit Feedback.

In den Kommunikationstrainings haben wir Feedback eingebaut, um die Teilnehmer lernen zu lassen, so Feedback zu geben, daß es angenommen wird und dadurch fruchtbar werden kann. Wir konnten feststellen, daß Lernen von Feedback-Geben zur Verbesserung der Selbst- und Fremdwahrnehmung führte und sogar Einstellungs- und Verhaltensänderungen bewirkte.

4.7 Lernpunktformulierung und Strategie

Grundlage eines jeden Trainings ist die Selbst- und Gruppenerfahrung, die durch Übungen und deren Reflexion gewonnen werden. Diese Reflexion wiederum ist die Voraussetzung für die sinnvolle theoretische Durchdringung praktischen Tuns. Erfahrungen werden nur dann fruchtbar, wenn sie reflektiert, theoretisch begründet und auf ihre Anwendbarkeit in der konkreten Lebenssituation hin, untersucht werden. Deshalb haben wir, wie schon erwähnt, nach jeder Übung die Lernpunktformulierung angesetzt. Wir wollen an dieser Stelle noch einmal etwas genauer auf die Methodik bei der Verlesung der Lernpunkte eingehen.

Bei der Verlesung der Lernpunkte schreibt der Trainer alle Punkte mit, um auf die Punkte später eingehen zu können, die zu ergänzen, richtig zu stellen oder theoretisch zu untermauern sind.

Grundsätzlich bieten sich zwei Möglichkeiten, die beide erprobt wurden.

a) Der Trainer antwortet jedem einzelnen unmittelbar nach der Verlesung der Lernpunkte. Dies hat den Vorteil des unmittelbaren Eingehenkönnens, hat aber den Nachteil, daß eventuell andere einschlägige Erfahrungen anderer Mitglieder, die in den folgenden Lernpunktverlesungen deutlich würden, nicht berücksichtigt werden können.

b) Der Trainer antwortet am Schluß, wenn er eine Gesamtübersicht besitzt, letztere Methode halten wir für die bessere. Um aber den persönlichen Bezug nicht zu verlieren, ist es gut, immer wieder bei der Besprechung der einzelnen Lernpunkte zu zitieren, von wem diese stammen. Damit fühlt sich der einzelne unmittelbar angesprochen.

Folgende methodischen Vorteile der Lernpunktformulierung wurden beobachtet:

1. Die Reflexion der Selbsterfahrung wird organisiert.
2. Das Ergebnis der Reflexion, das individuell unterschiedlich ist, ist die Leistung jedes einzelnen. Der Einzelne wird sich daher damit identifizieren.
3. Das Formulieren der Lernpunkte verlangt eine Klärung der Erfahrung, die sich in der Formulierung vollzieht.
4. Das Aufschreiben und anschließende Verlesen der Lernpunkte vor der Gruppe hat durch die motorische Komponente des Aufschreibens und Sprechens, sowie die visuelle des Lesens einen besonderen Behaltenseffekt. Das Verlesen vor der Gruppe erhöht wiederum die Identifikation mit dem Gelernten.
5. Die Bedeutung, die dem individuellen Selbsterfahrungslernen zugemessen wird, wird deutlich erlebt. Der einzelne erkennt darüber hinaus, wie wichtig seine Erfahrung auch für die ganze Gruppe sein kann. Er bringt diese in die Gruppe ein und erhöht damit auch den Lernerfolg der Gruppe.
6. Das Strategieelement ist damit planmäßig in das Training eingebaut. Jeder einzelne überlegt sich nach jeder Übung, wie er die Erfahrungen in seiner konkreten Lebenssituation umsetzen kann. Die individuellen Lernpunkte sind die Grundlage für die Erstellung einer persönlichen Priori-

tätenliste, um das im Training Erlernte in die konkrete Lebenssituation planmäßig zu übertragen. Beim Strategietraining am Schluß des Kommunikationstrainings wird noch einmal darauf zurückgekommen.

7. Wenn bei der Reflexion ungeklärte Fragen auftauchen, so können diese jetzt gestellt und gemeinsam beantwortet werden.
8. Die Lernpunkte sind ein hervorragendes Feedback für den Trainer selbst, da er daraus ersehen kann, inwieweit er richtig verstanden wurde.
9. Die Zusammenfassung, Richtigstellung, Ergänzung und theoretische Untermauerung hängen nicht in der Luft, sondern bauen auf den Erfahrungen und den Bedürfnissen der Teilnehmer auf. Sie stoßen daher auf großes Interesse durch eben diesen konkreten Bezug. Individualitätsgemäßheit und eine hohe Aktualität („der rechte Stoff zur rechten Zeit") sind dadurch gegeben.
10. Durch das damit verbundene Erfolgserlebnis wird das Lernen besonders effektiv.

Aus diesen Gründen haben wir die Lernpunkte regelmäßig nach jeder Übungsauswertung formulieren lassen und damit sehr gute Erfahrungen gemacht.

Literaturangaben und weiterführende Literatur zu denKapiteln 1–4

Literatur zum 1. Kapitel:

[1] Borman, Howell, Nicols, Shapiro: „Kommunikation im Unternehmen und Verwaltung", München, 1971, S. 137
[2] Berlo, D. K.: „The process of communication", New York – London, 1966 S. 1
[3] Holzer, H.: „Massenkommunikation und Demokratie in der BRD", Opladen 1971
[4] Communicatio socialis, Köln
[5] Wittmann, W.: „Der unbewältigte Wohlstand", München 1972 S. 82
[6] Deutsch, M.: „Conflict and its resolution", In: C. G. Smith: „Conflict resolution: Contributions of the behavioral sciences", Notre Dame London, 1971, S. 36–57
[7] Wittmann, a. a. O. S. 55
[8] Gaspari, C., Millendorfer, H.: „Prognosen für Österreich", Fakten und Formeln der Entwicklung, Wien, 1973, S. 47
[9] Fromm, E.: „Der moderne Mensch und seine Zukunft". Frankfurt 1967, S. 91
[10] Bennis, W. G., Benne, K. D., Chin, R.: „The planning of change. Readings in the applied behavioral sciences." Chicago – London, 1966, S. 2
[11] Oppenheimer, R.: „Prospects in the arts and sciences". Perspectives USA 11, 10–11, Spring 1955
[12] Fromm, E. a. a. O. S. 95; De Vries, Man in rapid social change. London 1961.
[13] Fromm, E. a. a. O. S. 99
[14] Fromm, E. a. a. O. S. 109

[15] Fromm, E. a. a. O. S. 113

[16] Gaspari, C., Millendorfer, H. a. a. O. S. 118

[17] Weber, M.: „Wirtschaft und Gesellschaft“, 1. Halbband, Tübingen, 1956

[18] Gaspari ... a. a. O. S. 141

[19] Van der Meiden, A.: „Mensen winnen“, Een verkenning van de relatie tussen ethiek, propaganda en apostolaat. Utrecht, 1972, S. 172 ff

[20] Borman et al. a. a. O. S. 145

[21] van Peursen, A.: Televisie en Kultuuroverdracht, Groningen 1973, S. 58.

[22] Bolte und Aschenbrenner: Die Gesellschaftliche Situation der Gegenwart, Opladen 1968, 5. Aufl., S. 13–14

[23] Huntford, R.: „Wohlfahrtsdiktatur“ – Das schwedische Modell, Ullstein 1973, Kapitel 10

[24] Fromm a. a. O. S. 124

[25] Galbraith, J. K.: „Die moderne Industriegesellschaft“, Knaur, 1973 S. 68/69

[26] Stemerding, A. H. S.: „Vorming, voorlichting, beïnvloeding in de moderne maatschappij“, Utrecht–Antwerpen, 1973, S. 191

[27] Bolte und Aschenbrenner a. a. O. S. 20

[28] Günzl, H. Ch.: „Weltpolitische Hintergründe und geistesgeschichtliche Auswirkungen des 15. Weltkongresses der Philosophie“, Varna, 17.–22. 9. 1973, unv. Manuskript, S. 6

[29] Kwant, R.: „Mensbeelden“. Filosofie van het pluralisme. Alphen aan den Rijn, 1973, S. 9–34

[30] Mitscherlich, A.: „Die Idee des Friedens und die menschliche Aggressivität“, Suhrkamp 1969, S. 62

[31] Huxley, A.: „Schöne neue Welt“, Zürich 1950

[32] Galtung, J.: „Konflikt als een wijze van leven“. In: Maandblad voor Geestelijke Volksgezondheid, 24, 1969, S. 182 ff

[33] Seifert, H., Clinebell, H. J.: „Personal Growth and Social Change“. A guide for ministers and laymen as change agents. Westminster Press, Philadelphia z. j. S. 163–190

[34] Coser, L. A.: „Theorie sozialer Konflikte“, Luchterhand 1972, S. 13 ff

[35] Parsons, T.: „Essays in Sociological Theory Pure and Applied“ in: Coser, L. A. a. a. O. S. 22

[36] Lundberg, G. A.: „The Foundations of Sociology“, New York 1939

[37] Warner, W. L., Low, L. D.: „The Social System of the Modern Factory“ in: Coser, L. A. a. a. O. S. 25

[38] Lewin, K.: „Die Lösung sozialer Konflikte“, Bad Nauheim 1953

[39] Coser, L. A. a. a. O. S. 27

[40] Coser, L. A. a. a. O. S. 29

[41] Simmel, G.: „Der Streit“, in: Soziologie, S. 247 ff. in: Coser, L. A. a. a. O. S. 33

[42] Coser, L. A. a. a. O. S. 184

[43] Mitscherlich a. a. O.

[44] Seifert, H., Clinebell, H. J. a. a. O., S. 168

Weiterführende Literatur:

Redfield, C. E.: „Communication in management“ 1964

Duncan, H. D.: „Communication and social order“, 1968

Gibb, K.: „Devensive communication“. In: Bennis, Schein Steele, Berlew: „Interpersonal dynamics. Essays and readings on human interaction“. Illinois, Ontario 1969

Bredford, L. P.: „The teaching-learning transaction“. In: Bennis, W. G. a. a. O., S. 493

Adorno, Th. W.: „Authoritarian Personality“, New York 1964

Rokeach, M.: „The Open and Closen Mind“, New York 1960

Faber, H.: „Kiezen of delen“ – gedachten over polarisatie, meppel 1973

Literatur zum 2. Kapitel:

1 Vgl. Mucchielli, R.: „Communication et réseaux de communications. Formation permanente en sciences humaines“. Paris, 1971, Applications pratiques, S. 10 ff

2 Vgl. Seifert, H., Clinebell, H. J.: „Personal growth and social change“. Philadelphia, o. J. SS. 110 ff
Howe, R. C.: Het wonder van de dialoog, Mechelen, 1965, S. 49 ff (Amerikanische Edition: The miracle of dialogue, New York, 1964) Buber, M.: Dialogisches Leben, Zürich, 1974

3 Wehr, G., Buber, M., Baarn 1971, S. 107 (Deutsche Edition: Martin Buber in Selbstzeugnissen und Bilddokumenten, Hamburg 1968) Vgl. Duncan, H. D. P.: Communication and social Order, Oxford 1968, S. 297 ff

4 Vgl. Mössler, M.: „Effektivitätsmessung von Kommunikationstrainings. Einfluß des Kommunikationstrainings auf die Selbsteinschätzung, die Idealeinschätzung und die Fremdeinschätzung, sowie auf die, von den Persönlichkeitstesten 16-PF und FPI erfaßten Persönlichkeitsfaktoren“. Salzburg, 1973, S. 50 ff

5 Vgl. Knowles, H. und M.: „Introduction to groupdynamics“. New York 1966, S. 32, vor allem S. 38

6 Hartley, E. und R. E.: „Die Grundlagen der Sozialpsychologie“, Berlin 1969, S. 90

7 Vgl. für diese Gesprächstypen: Müller, E.: „Die Kunst der Gesprächsführung“, Hamburg, 1965, S. 11 ff. Pöggeler, E.: „Methoden der Erwachsenenbildung“, Freiburg, Basel, Wien, 1966, S. 114 ff

8 Rogers, C. R., Roetlisberger, F. J.: „Hoe communicatie belemmerd en bevorderd, kan worden“. Übersetzt aus: Harvard Business Review, Juli–August, 1956, S. 1 ff

9 Roth, E.: „Persönlichkeitspsychologie, Stuttgart 1972, S. 82

10 Borman, Howel, Shapiro, Nicols: „Kommunikation in Unternehmen und Verwaltung. Die interpersonelle Kommunikation in der modernen Organisation“. München 1971, S. 148

11 Vgl. Redfield, C. E.: „Communicatie in het bedrijf“, Amsterdam 1965, passim. (Amerikanische Edition: Communication in management 1964) American Management Association, Effective Communication on the Job, New York 1969

12 Vgl. P. Watzlawick, J. H. Beavin, D. D. Jackson: Menschliche Kommunikation. Bern, 3. Aufl. 1972
Giffin, K., Patton, B. R.: „Fundamentals of interpersonal communication“. New York, Evanston, London, 1971, S. 56 ff, 138 ff

13 Seifert, H., Clinebell H. J., a. a. O. S. 40

14 Vgl. Scherer, K. R.: „Nonverbale Kommunikation“, Hamburg 1970

15 Vgl. Mucchielli, R.: a. a. O. S. 41 ff

16 Hartley, L., R. E.: a. a. O. S. 64

[17] Vgl. Sturm, V.: „Zur Krisis der religiösen Sprache". In: Dynamik der Kommunikation. Rundfunk und Fernsehen im Blick der Kirche. Frankfurt 1968, S. 21–41

[18] Faber, H.: „Buigen of barsten, Gedachten over ‚planning of change', Meppel, 1970, S. 98 ff

Rogers, G. R.: „The characteristics of a helping relationship. In: Bennis, W. G., Schein, F. I., Steele, D. E., Berlew, Interpersonel dynamics. Essays and readings on human interaction. Illinois, Ontario 1969, S. 287–303

[19] Hall, E. T.: „The Hidden Dimension". Garden City, New York, 1956, S. 29

[20] Vgl. Galtung, J.: „Konflikt als een wijze van leven". In: Maandblad Geestelijke Volksgezondheid, 24 (1969), S. 186 ff

Seifert, H., Clinebell, H. J. a. a. O. S. 164 ff

[21] Lerg, W. B.: „Kommunikation im Konflikt". In: Publizistik 1971/3, S. 231–238

[22] Luhmann, N.: „Vertrauen. Ein Mechanismus der Reduktion sozialer Komplexität". Soziale Gegenwartsfragen, Neue Folge, hg. von L. Neundorfer und H. Schelsky und F. H. Tenbruck, Stuttgart 1968

[23] Vgl. Zander, A.: „Resistance to change–its analysis and prevention". In: Bennis, W. G., Benne, K. D., Chin, R.: The planning of change. New York, Chicago, San Francisco, Toronto, London, 1966, S. 543–547

[24] Vgl. Faber, H. a. a. O. S. 38 ff

[25] Gibb, J. R.: „Defensive communication". In: Bennis, W. G. Schein, E. H., Steele, F. I., Berlew, D. E. a. a. O. S. 606–612

[26] Vrolijk, A., Dijkema, M. F., Timmerman, G.: „Het tweekolommengesprek". In: Gespreksmodellen. Een geprogrammeerde instructie. Alphen aan den Rijn – Brussel 1972, S. 273 ff

[27] Schweppenhauser: „Vergötzte Ordnung". In: SPOO, E, Die Tabus der deutschen Presse. München 1971

[28] Vgl. Urban Training. Verslag van een studiereis, Utrecht 1969, S. 18 ff

Literatur zum 3. Kapitel:

[1] Brigger, P.: „Erfahrungsbericht über ein Sensibilisierungstraining für Massenmedien und Gruppendynamik"...

[2] Mittendorfer, M.: „Erfahrungsbericht über ein dreitägiges Training"

[3] Mucchielli, R.: „La Dynamique des groupes. Formation permanente en sciences humaines". Paris 1968, S. 66

Weiterführende Literatur:

Mucchielli, R.: a. a. O. S. 63–65

Antons, K.: „Praxis der Gruppendynamik". Übungen und Techniken. Göttingen 1973, S. 212–217

Miles, M. B.: „Learning to work in groups. A programme guide for educational leaders". New York 1965, S. 37–45

Mills, T. M.: „Soziologie der Gruppe. Grundfragen der Soziologie". München, 1969, S. 154–181

Seifert, H., Clinebell, H. J.: „Personal growth and social change". Philadelphia, o. J., S. 83–109

Brocher, T.: „Gruppendynamik und Erwachsenenbildung". Westermann Taschenbuch, Braunschweig, 1967, S. 87–105

Sbandi, P.: „Gruppendynamik und Exerzitien". In: der Seelsorger, 39 (1968—1969), 1; S. 44 ff

Literatur zum 4. Kapitel:

1 Schmidbauer, W.: „Sensitivitätstraining und analytische Gruppendynamik". München 1973, S. 32 ff

2 Boyd und Sisney in: Egon, G.: Encounter: Groupprocesses for interpersonal growths. California 1970, S. 310

3 Bales, R. F.: „Interaction Process Analysis, Cambridge 1951

4 Wieringa, C. F.: „Feedback, een verkenning van het kóncept en enkele praktische mogelijkheden. In: Menswetenschappen vandaag. Twee zijden van een medaille. Meppel 1972, S. 269–293

Weiterführende Literatur:

W. Siroka, E. K. Siroka, G. A. Schloss: Sensitivitytraining. Groepstech nieken behandeld door Rogers, Moreno, Glueck a. a. Serie Menselijke Mogelijkheden, Rotterdam 1971. (Amerikanische Edition: Sensitivity training and groupencounter)

C. R. Rogers: Individuveel. Over encountergroepen. Den Haag, 1972. SS. 9—20. (Amerikanische Edition: C. R. Rogers, On encountergroups, New York, 1970)

R. Muchielli: La dynamique des groupes. Formation permanente en sciences humaines. Paris, 1968, S. 9 ff

M. & H. Knowles: Introduction to groupdynamics. New York, 1966[5], S. 11–32

L. P. Bradford, Theteaching-learning transaction. In: W. G. Bennis, K. D. Benne, R. Chin: The planning of change. New York, 1966, S. 493 ff

J. Aufermann: Kommunikation und Modernisierung. Meinungsführer und Gemeinschaftsempfang im Kommunikationsprozeß. München-Pullach–Berlin, 1971

K. Giffin und B. R. Patton: Fundamentals of interpersonal communication. New York–Evanston–London, 1971

H. O. Luthe: Interpersonale Kommunikation und Beeinflussung. Beitrag zu einer soziologischen Theorie der Kommunikation. Stuttgart 1968

P. Müller: Die soziale Gruppe im Prozeß der Massenkommunikation. Stuttgart 1970

F. Dröge, R. Weissenborn, H. Haft: Wirkungen der Massenkommunikation. Münster, 1969

M. L. de Fleur: Theories of masscommunication. New York, 1966

D. Mcquail: Towards a sociology of masscommunication. London, 1969

W. Schramm (Hrsg.): Grundfragen der Kommunikationsforschung. München, 1968[2]

L. Metzger, Emanzipation vom Fernsehen. Möglichkeiten des Videorecorders. In: Medium, Zeitschrift für Hörfunk, Fernsehen, Film, Bild, Ton. 2 (1972) Juli, SS. 31–33

D. J. Nylen, R. Mitchell and A. Stout: Handbook of staffdevelopment. Kopenhagen, 1967, S. 75 ff

R. Chin, The utility of system models and developmental models for practitioners. In: W. G. Bennis, K. D. Benne, R. Chin: The planning of change, o. c., S. 201–214

T. Brocher: Gruppendynamik und Erwachsenenbildung. Westermann Taschenbuch. Braunschweig 1967, SS. 62 ff

Schmidbauer, W.: Sensitivitätstraining und analytische Gruppendynamik. München, 1973, S. 32 ff

5 Strukturen und Elemente von Kommunikationstrainings

Die Dreitagestrainings entstanden aus der Erfahrung, daß

a) sich sehr viele Personen wohl drei Tage, aber nicht eine Woche für ein Kommunikationstraining freimachen können.

b) daß ein Zwischenraum von einem halben bis zu einem Jahr wertvolle Übungs- und damit Anwendungsmöglichkeiten des im vorhergehenden Training Gelernten bietet und

c) daß jedes neue Training einerseits eine Kontrolle über das in der Zwischenzeit Gelernte und darüber hinaus eine Vertiefung und Erweiterung der kommunikativen Kompetenz mit sich bringt.

Diese Dreitagestrainings waren keineswegs ursprünglich bereits als dreimal Dreitagestrainings konzipiert. Es begann mit *einem* Dreitagestraining, aus dem heraus am Schluß bei der Trainingsbesprechung der Wunsch kam, ein weiterführendes Training zu erleben. Das gleiche passierte am Ende des Kommunikationstrainings II und so entstand das Kommunikationstraining III. So sind wir jetzt daran, ein Kommunikationstraining IV zu entwickeln.

Viele Teilnehmer sagen uns immer wieder, sie haben es notwendig, daß sie jedes Jahr einmal durch ein Kommunikationstraining aus der zur Routine erstarrten Kommunikation (und der damit verbundenen Erstarrung der zwischenmenschlichen Beziehungen) herausgerissen werden möchten, um wieder neue Impulse und neue Veränderungen zu erfahren.

Mit dieser Weiterentwicklung war es auch notwendig, daß das Programm von den Kommunikationstrainings I und II sich weiterveränderte. So zeigen die nun folgenden Strukturen der Kommunikationstrainings I, II und III das Ergebnis einer Entwicklung, die sich über drei Jahre erstreckte. In diesen drei Jahren wurden über 110 Kommunikationstrainings gehalten.

Grundsätzlich können nur Teilnehmer das Kommunikationstraining II besuchen, die bereits das Kommunikationstraining I mitgemacht haben. Auch ist die Voraussetzung für das III-Training die Absolvierung der Trainings I und II.

Dies bringt den Vorteil mit sich, daß am Beginn des IIer und noch stärker am Beginn des IIIer-Trainings, auch wenn sich die Teilnehmer nicht kannten, da sie an unterschiedlichen I-Trainings teilnehmen, das Kommunikationsniveau sowohl in der Akzeptierung, als auch in der Konfrontation ein wesentlich höheres war, als am Beginn des Kommunikationstrainings I.

Sehr oft allerdings war der Wunsch am Ende des I-Kommunikationstrainings deutlich, daß die gleiche Gruppe auch beim II-Training beisammensein möge. Das ist gelegentlich möglich gewesen. Der Vorteil war, daß am Beginn des II-Trainings die Phase des Aufbaus von Beziehungen nicht notwendig war und daher die erste Phase der Kommunikation übersprungen werden konnte.

Die Struktur des Wochentrainings wurde eingehend im Kapitel 3 in dem Abschnitt „Idealtypischer Verlauf von Kommunikationstrainings" geschildert. So können wir uns im folgenden auf die Schilderung des Programms und den Ablauf einiger Übungen im Wochentraining beschränken. Wichtig ist jedoch noch die Feststellung, daß wir glauben, daß das Erreichen kommunikativer Kompetenz und emanzipatorischer Kommunikation effektiver und tiefgehender in einem Wochentraining möglich ist. Aus diesem Grund haben wir auch die wissenschaftlichen Begleituntersuchungen in diesen Trainings angesetzt und fanden viele unserer diesbezüglichen Hypothesen bestätigt (siehe Kapitel 7).

Grundsätzlich verläuft kein Training wie das andere. Die unterschiedliche Herkunft und die unterschiedlichen Bedürfnisse der Trainingsteilnehmer machen immer wieder Variationen des Programms notwendig. Daher können wir im folgenden sowohl für die Dreitagestrainings als auch für das Wochentraining nur ein Programm geben, in dessen Rahmen die Variationen dann untergebracht werden können.

Übungen bilden in Kommunikationstrainings die Grundlage für das Erfahrungslernen. Das Verhalten der einzelnen in den Übungen wird fast immer mit dem Videorecorder aufgezeichnet, um eine doppelte Erfahrung (einerseits in der Übung, andererseits bei der Vorführung der Aufzeichnung) des eigenen Kommunikationsverhaltens und das der anderen erleben und analysieren zu können.

Das gemeinsame Ziel der ersten Übungen im Prozeß der Kommunikationstrainings ist der Beziehungsaufbau und, damit verbunden, das Akzeptieren des anderen als Person. In den weiterführenden Übungen kann auch noch die Verbesserung des Kommunikationsverhaltens vollzogen und erlebt werden. Wir lehnen es allerdings grundsätzlich ab, feste Verhaltensanweisungen zu geben. Wir geben nur Vorschläge für eine mögliche Verbesserung, aus denen heraus der einzelne das für ihn Passende auswählen kann.

Der Inhalt der Übungen wird

a) aus den Lebenssituationen der einzelnen und der Gruppe,
b) aus Filmen und Fernsehsendungen,
c) durch detaillierte Übungsanweisungen (wie z. B. beim Spiel: Vorgesetzter – Untergebener, dem Autospiel und dem NASA-Spiel) gewonnen.

Welche Übungen eingesetzt werden ist jeweils abhängig

a) von den Wünschen der Teilnehmer und damit vom konkreten Ziel des Trainings,
b) vom Prozeßverlauf,
c) von der zur Verfügung stehenden Zeit.

Die Lernpunktformulierung und ihre Besprechung sowie eine zusammenfassende Information über die in der Übung angesprochene Thematik bildet den Abschluß jeder Übung.

Wir konnten bei der Darstellung der Übungen die Informationen nicht einbauen, da diese den vorgesehenen Rahmen des Buches gesprengt hätten.

Die bei den Übungen angegebenen Ziele sind idealtypisch zu sehen.

Der technische Aufwand für diese Übungen ist immer sehr groß. Wir benötigen eine Videoanlage mit Fernsehkamera und Zoomoptik, einen 16-mm-Filmprojektor mit mehreren Filmen und einer Leinwand, einen Overheadprojektor und ein bis zwei Flipscharts und vieles mehr.

5.1 Das dreitägige Training

5.1.1 Kommunikationstraining: I

5.1.1.1 Programm

Die Trainingszeit beträgt pro Tag in der Regel von 9 bis 12.30 Uhr, von 14.30 bis 18.30 Uhr und von 20 bis 22 Uhr. Am dritten Tag schließt das Training um 17 Uhr.

1. Tag:

Selbstdarstellungsanalyse mit Ausfüllen der Polaritätsprofile zur Selbst- und Fremdeinschätzung (siehe genauere Beschreibung in Kapitel 7). Information über nonverbale Kommunikation. Übung in der Optimalgestaltung von Statements. Information über Optimalgestaltung von Kurzansprachen. Erste Aufnahme, Besprechung und Bewertung der Selbstdarstellungsanalyse.

2. Tag:

Zweite Aufnahme des Statements, Besprechung und Bewertung. Information über defensivreduzierende und aggressionsauflösende Gesprächstechnik. Übung in Aggressionsauflösung. Wiederum Besprechung dieser Übung und Versuch der Verbesserung der Aggressionsauflösungstechniken. Schlagfertigkeitsübung im Kreuzverhör. Alternierend dazu Übung in Rollendiskussion, vor allem in der Form des Streitgesprächs.

3. Tag:

Übung in Gruppenkommunikation: das Autospiel. Analyse, Auswertung, Besprechung. Abschließende Besprechung der ausgewerteten Polaritätsprofile.

5.1.1.2 Übungen

5.1.1.2.1 Die Selbstdarstellungsanalyse

In dieser Übung, die wir immer an den Beginn des Trainings stellen, sind zwei Übungselemente miteinander verbunden: Die Selbstdarstellungsanalyse und das Ausfüllen der Selbst- und Fremdeinschätzungsskalen (Polaritätsprofile), die im Laufe des Trainings ausgewertet und am Schluß des Dreitagestrainings, wenn sich die Teilnehmer besser kennen, besprochen werden. So wird gleich am Beginn des Trainings eine Spannung aufgebaut, die sich im Schlußgespräch (am Ende des Trainings) löst. Denn jeder Teilnehmer ist an der Gegenüberstellung seines Selbstbildes mit dem Eindruck, den er auf die anderen Teilnehmer gemacht hat (Fremdbild), interessiert. Im täglichen Leben ist es nicht üblich, daß Personen einander ihren ersten Eindruck mitteilen, daher ist diese Information mit der genauen Begründung, worauf dieser Ersteindruck beruhte, für den einzelnen sehr aufschlußreich.

Die Selbstdarstellungsanalyse führt die Teilnehmer zur Konfrontation mit sich selbst. Sie fördert aber auch das gegenseitige Kennenlernen und ermöglicht es, die Eigenart der ersten Phase einer Kommunikation bewußt zu machen. So kann schneller in die zweite Phase eingetreten werden. Die Übung muß sehr subtil geführt werden, da ein von uns häufig zu Beginn festgestelltes generelles Mißtrauen abgebaut werden muß. Außerdem löst die Auseinandersetzung mit der eigenen Lebensgeschichte starke Emotionen aus.

a) Ziele

- Erkennen nonverbaler Aussagen und ihrer Wirkungen bei sich und bei anderen im Kontext der verbalen Aussagen.
- Sensibilisierung für emotionale Gehalte in nonverbalen Aussagen, für nonverbales Feedback und für die Körpersprache.
- Erlebnis der Bedeutung der Lebensgeschichte und Lebenserfahrung für das Bezugssystem sowie für das Selbst- und Fremdverständnis.
- Erkennen des eigenen Bezugssystems und dessen Relativität.
- Sensibilisierung für Offenheit und authentisches Sprechen.
- Erleben der Selektivität in jeder Selbstdarstellung und der Hintergründe dieser Selektivität.
- Auseinandersetzung mit dem Selbstbild durch Vergleich mit dem Videobild.
- Erlebnis der Veränderung der Situation durch die Anwesenheit der Fernsehkamera.

Mit der Verwendung von Selbst- und Fremdeinschätzungsskalen verbinden sich außerdem noch folgende Zielsetzungen:

- Reflexionen über die Arten und Unterschiede des Selbstbildes (Istbild, Wunschbild, angenommenes Bild von mir) und Vergleich dieser Bilder mit der Fremdeinschätzung, also dem effektiven Fremdbild der Gruppe.
- Reflexion über die Gründe der Unterschiede.
- Erkennen der eigenen nonverbalen Wirkung.
- Erkennen der Bedeutung des Auto- und Heterostereotyps beim Ersteindruck in der Kommunikation.
- Veränderung und Relativierung des Ersteindruckes.
- Realitätsbedingte Veränderung des Selbst- und Fremdbildes.
- Akzeptieren seiner selbst und des anderen.

b) Skizze des Übungsverlaufes.

Jeder Teilnehmer wird einzeln aufgenommen bei der Darstellung seiner Lebensgeschichte, seiner jetzigen Tätigkeit und seiner Erwartungen an den Kurs. (Während dieser Zeit füllen die anderen die Selbsteinschätzungsskalen nach dem Ist- und dem Wunschbild aus.) Vor der Vorführung werden Beobachtungsgesichtspunkte gegeben. (Mimik, Gestik, Körpersprache, Sprechweise, Struktur, Ungesagtes.) Hierauf wird die Selbstdarstellung zweimal vorgeführt. Nach der ersten Vorführung äußert sich zunächst derjenige, der sich selbst gesehen hat, und dann die Gruppe. Bei der zweiten Vorführung erfolgt die eingehende Analyse vor allem durch den Trainer.

Die Lernpunktformulierung wird motiviert durch den Hinweis, daß eine Erfahrung nur durch Reflexion wirklich wertvoll wird.

c) Beispiele von Lernpunkten:

- für mich war besonders wertvoll, daß ich Zeit finden konnte, mich so eingehend mit mir selbst zu beschäftigen, und so viel bei mir selbst zu entdecken.
- Ich habe zu wenig Vertrauen in die Mitmenschen.
- Ich fand beim Gesprächspartner eine Chance, aus seinen Reaktionen zu erkennen, was er in diesem Augenblick denkt und fühlt.
- Ich muß mein erstes Verhalten überdenken und ändern.
- Ich habe entdeckt, daß ich viel wirkungsvoller auf den Gesprächspartner eingehen könnte, wenn ich auf seine nonverbalen Aussagen achten würde. Ich muß mich daher mehr auf den Partner konzentrieren.
- Ich habe gar nicht so unsicher und nervös gewirkt, wie ich mich fühlte.
- Der andere erkennt und sieht dich besser, als du glaubst.
- Wahrheit schadet nicht. Das Gehirn denkt, aber das Gefühl lenkt. Die Mimik sagt mehr als der Vortrag. Ich soll mit den Augen zuhören.
- Ich kann mehr Selbstvertrauen in mich haben als ich bislang hatte.

Anschließend werden die Lernpunkte vom Trainer kommentiert und ergänzt. Eine systematische Information über „nonverbale Kommunikation und die Möglichkeiten des Beziehungsaufbaues“ schließt die Übung ab.

5.1.1.2.2 *Die Optimalgestaltung von Statements*

Jede Kommunikation besteht aus Zuhören und Sprechen, aus Akzeptieren und Konfrontieren. Während der Schwerpunkt bei der Selbstdarstellungsanalyse auf dem Zuhören und Akzeptieren liegt, steht bei dieser Übung das Sprechen und die beginnende Konfrontation im Vordergrund.

Wir sind bestrebt in den Trainings auch ein Instrumentarium für die Kommunikation zu vermitteln. Denn nach unserer Auffassung von kommunikativer Kompetenz soll nicht nur die Diagnosefähigkeit entwickelt, es sollen auch Fertigkeiten vermittelt werden. Diese Übung soll vor allem dazu dienen, die Teilnehmer ein nach lernpsychologischen Gesichtspunkten aufgebautes Statement gestalten zu lehren.

Die Optimalgestaltung von Statements, die auch optimale Standpunktformulierung genannt werden könnte, wird ausschließlich in den dreitägigen Trainings eingesetzt, die mehr auf die Kommunikationspraxis ausgerichtet sind.

a) Ziele: Dialogisches zuhörer-orientiertes Sprechen

- Optimaler Aufbau eines Statements in fünf Schritten.
- Authentisches Sprechen.
- Einsicht in die eigenen Beurteilungskategorien und die Hintergründe dieser Bewertung.
- Erlebnis der unterschiedlichen Fremdbewertung und ihrer Ursache.
- Erhöhung des Selbstvertrauens.
- Einsicht, ob der einzelne mehr über die Emotio oder über die Ratio wirkt, bzw. beeinflußt wird.
- Übung im Beziehungsaufbau und im gewinnenden Sprechen.

b) Skizze des Übungsverlaufes

Nach einer Einführung in die Optimalgestaltung eines Statements wählt jeder selbst ein Thema, das er zu einem Statement nach den angegebenen Richtlinien gestaltet (Dauer ca. zwei Minuten). Dieses Statement wird bei Anwesenheit der anderen Trainingsteilnehmer aufgenommen. Jeder beurteilt sich selbst und die anderen nach dem Informationswert, dem Emotionswert und dem Identifikationswert.

Jedes Statement wird vorgeführt und anschließend zuerst durch den, der gezeigt wurde, dann durch die Gruppe und schließlich zusammenfassend durch den Trainer besprochen. Dabei werden ein bis zwei Verbesserungsvorschläge für die zweite Aufnahme gemacht.

Bei der Vorbereitung der zweiten Aufnahme wird vor allem auf eine Verkürzung der Redezeit im Sinne einer Straffung und auf eine Verstärkung der Zuhörerorientierung Wert gelegt. Beurteilung dieser zweiten Aufnahme nach der Sach- und Zielorientierung und der Zuhörerorientierung. Fortführung und Besprechung. Auswertung der Beurteilungsbögen, Vergleich zwischen der ersten und zweiten Beurteilung. Bei dieser Auswertung wird zuerst darauf hingewiesen, wie die einzelnen Teilnehmer sich selbst beurteilt haben. Dann wird festgestellt, ob der jeweilige Teilnehmer alle sehr schlecht oder alle sehr gut beurteilt hat. Inwieweit er also sehr streng oder sehr milde beurteilt. Dann werden Eigen- und Fremdbeurteilung gegenübergestellt und es wird auf die Hintergründe von Selbstüberschätzungen und -unterschätzungen eingegangen. Beim Vergleich der Fremdeinschätzungen wird versucht, die Ursachen der großen Streuungen herauszufinden, um diese dann mit den Teilnehmern zu besprechen. Dann wird festgestellt, inwieweit sich der Identifikationswert bei dem einzelnen mehr nach dem Informationswert oder mehr nach dem Emotionswert des Statements richtet. Dies läßt Rückschlüsse zu, inwieweit der Betreffende stärker über die Ratio oder die Emotio beeinflußt wird.

Zum Schluß wird der Unterschied zwischen dem zweiten Statement und dem ersten festgestellt. Im Durchschnitt ist eine wesentliche, rein zahlenmäßig feststellbare Verbesserung in der Zuhörerorientierung zu beobachten. Darüber hinaus ergibt sich meist, daß die Extreme in der Beurteilung von der ersten zur zweiten Bewertung wesentlich verringert werden.

c) Beispiele von Lernpunkten

- höhere Selbstsicherheit
- besseres Urteil über sich selbst.
- Ich soll andere besser beurteilen und nicht so viel abwerten.
- Die Scheu frei zu sprechen ist weggefallen.
- Ich bin besser als ich glaubte und habe deshalb jetzt ein selbstsicheres Auftreten.
- Ich muß aufpassen, nicht so lange Sätze zu sprechen.
- Der Vorteil für den anderen muß deutlich werden.
- Der erste und der letzte Satz ist besonders wichtig.
- Meine Selbstsicherheit hat sich auf den Partner übertragen.
- Ich spreche jetzt strukturierter.
- Die Vorbereitung bewirkt eine exaktere Darstellung.
- Je mehr ich die Vorteile für den anderen betone, desto größer ist der Erfolg.

5.1.1.2.3 Aggressionsauflösende und defensivreduzierende Kommunikation

Bei der vorhergehenden Übung wurde die Auseinandersetzung mit dem Partner nur in der Vorstellung des Sprechenden vollzogen. Nun erfolgt die Auseinandersetzung direkt. Wir wählen dafür bewußt die aggressive Kommunikation, denn die meisten Teilnehmer können auf Angriff nur mit Verteidigung bzw. Gegenangriff reagieren. Letzteres führt zur Eskalation, bei der die sachlichen Angriffe in persönliche umschlagen. Beziehungsstörungen sind die Folge. Die aggressionsauflösende Gesprächstechnik, die in der folgenden Übung erlernt werden soll, hat in der Regel deeskalierende Wirkung. Auch diese Übung wird wegen ihres hohen Gebrauchswertes im Alltag vor allem in dreitägigen Trainings eingesetzt.

a) Ziele:

- Vermeiden von aggressionseskalierendem Gesprächsverlauf.
- Erlernen von Aggressionsabbautechniken.
- Erkennen von Feinaggressionen.
- Steuerung eigener Aggression.
- Beherrschung der eigenen Aggressivität.
- Erhöhung der Anerkennungsbereitschaft, auch gegenüber aggressiven Gesprächspartnern.
- Erkennen, daß Informationen fast keine verhaltenssteuernde Wirkung haben.

Hier ist es notwendig, die Information vor der Übung zu geben. Nach der Darstellung der Grob- und Feinaggression wird darauf hingewiesen, wie Feinaggressionen vermieden werden können:

- mehr deskriptiv als evaluativ sprechen
- mehr problemorientiert argumentieren
- den eigenen Standpunkt relativieren
- Empathie zeigen
- authentisch und spontan sprechen
- dem Partner erleben lassen, daß er gleichrangig ist.

Diese Verhaltensweisen können defensive Kommunikationsreaktionen verhindern. Für den Fall aber, daß der andere angreift, gelten folgende Empfehlungen:

- Den anderen ausreden lassen, interessiert zuhören und sich fragen, aus welchen eigentlichen Gründen er angreift. Dabei ist vor allem auf Aussagen, die persönliche Gefühle betreffen, zu achten.
- Werden mehrere Sachargumente in der Aggression vorgetragen, dann empfiehlt es sich, diese aufzuschreiben. Bei der Formulierung ist womöglich der Angreifer miteinzubeziehen.

– Wurden Gefühle herausgehört, dann empfiehlt es sich diese zu verbalisieren und dadurch Verständnis fühlen zu lassen.
– Dann ist zu überlegen, ob nicht eine Veränderung der eigenen Rolle, bzw. der des anderen die Aggression auflösen könnte. Vor allem ist es wichtig, sich nicht in die Rolle des Verteidigers drängen zu lassen und womöglich den Angreifer in die Rolle des Mitarbeiters zu bringen.
– Auch eine Veränderung des Wertmaßstabes kann Aggressionen auflösen. Diese kann entweder in einer Vergrößerung der Bewertung bestehen, um den Angreifer zur Reduzierung seins Angriffes zu bringen oder durch eine Verkleinerung des Wertmaßstabes mit Einführung eines neuen Wertes erreicht werden.

Grundsätzlich gilt: sich nicht aufregen, nicht lachen, nicht ironisch werden.

Die aggressionsauflösende Gesprächstechnik ist nur eine Gesprächssequenz. Sie soll erreichen, die Beziehungsstörung so weit abzubauen, daß eine sachliche Lösung des Konfliktes möglich wird.

b) Skizze des Übungsverlaufes:

Es wird gebeten, daß sich diejenigen melden, die angreifen möchten. Sie sollen auch mitteilen, wen von der Gruppe sie am liebsten angreifen (dadurch ist u. U. die Möglichkeit gegeben, aufgestaute Aggressionen abzubauen). Die Angreifer überlegen sich die Situation, teilen dem Partner eventuell eine Rolle zu und definieren ihre eigene Rolle. Sie überlegen sich für sich das Angriffsthema. Situation und Rolle werden dem Partner mitgeteilt. Nun werden die ersten Übungen aufgenommen, vorgespielt und besprochen. In der Regel kommt es bei den ersten Übungen noch nicht zu einer Aggressionsauflösung. Erst das Verhaltenslernen aus dieser unbefriedigenden Erfahrung heraus befähigt die Partner, die Aggressionsauflösung durchführen zu können.

Aufnahme und Vorführung der nächsten beiden Aggressionsübungen. Besprechung der Übung und so fort.

c) Beispiele von Lernpunkten

- Ich muß herausfinden: was steht hinter der Sache, wo ist die persönliche Komponente.
- ausreden lassen.
- Vorschläge herausfordern.
- Verständnis zeigen.
- Gemeinsamkeiten suchen.
- Ärger bei sich abbauen, durch die Erkenntnis: Der meint ja gar nicht mich.
- Interesse für die Person des anderen zeigen.
- Den Konflikt aus dem persönlichen Bereich herausholen.

- Die Bezugsebene prüfen und herstellen.
- Distanzregeln beachten.
- Gegenfragen sind problematisch.
- Seinen eigenen Tonfall kontrollieren.
- Emotionen heraushören. Gefühle sind wichtiger als Tatsachen, denn sie bestimmen die Sicht der Tatsachen.
- Den Partner gewinnen, um eine gemeinsame Lösung zu finden.
- Dozieren wirkt auch als Aggression.
- Lange Reden lösen beim Partner ebenso lange Reden aus.
- Echte Fehler zugeben.

5.1.1.2.4 Das Kreuzverhör

Stand bei der vorhergehenden Übung der einzelne nur einem Teilnehmer gegenüber, so wird er im Kreuzverhör mit zwei Partnern konfrontiert. War der Schwerpunkt bei der Aggressionsauflösung die Akzeptierung, so liegt er nun in der Konfrontation.

a) Ziele:
- Problembewußtsein vertiefen durch das Auffinden von Fragen.
- Angriffe wirksam formulieren.
- Frageanordnung also Fragestrategie entwickeln.
- Zusammenspiel mit Partnern lernen.
- Erkennen der Schwächen in der Argumentation des anderen.
- Schlagfertigkeit erlernen.
- Sich abhärten gegen harte Argumentation, statt zu resignieren.

b) Skizze des Übungsverlaufes.

Jeder sucht sich ein Sachgebiet, auf dem er gut Bescheid weiß und auf dem er öfter harte Auseinandersetzung erleben muß. Für jedes Sachgebiet melden sich zwei Befrager, die den anderen ins Kreuzverhör nehmen. Die Gruppe sammelt daraufhin gemeinsam – unter Abwesenheit des Befragten – unangenehme Fragen. Die beiden Frager ordnen die Angriffe, ergänzen diese und sprechen untereinander ihr strategisches Verhalten ab. Das Kreuzverhör wird aufgenommen (Dauer: fünf Minuten), in Abschnitten vorgeführt und besprochen.

Bei der Besprechung berichten zuerst die Teilnehmer, wie sie die Übung erlebt haben.

c) Beispiele von Lernpunkten
- Schnelle Antworten geben. Wenn der andere keine Antwort hören will, hat es keinen Sinn auf ihn einzugehen.
- Bei Polarisierungen ist die Sachlichkeit am Ende.

- Vorsicht vor Fangfragen.
- Persönlich werden ist riskant.
- Immer nur eine Frage stellen, bzw. einen Angriff starten, sonst sucht sich der andere das für ihn Angenehmere heraus.
- Unangenehme Zwischenrufe überhören.
- Unangenehme Fragen nicht sofort beantworten. Oft verleitet eine kleine Pause dazu, daß der Angreifer oder sein Partner weiterredet und einen neuen zusätzlichen Angriff startet, der vielleicht angenehmer ist.
- Sich nicht provozieren lassen.
- Aggressive Fragen womöglich ruhig beantworten.

Anschließend erfolgt eine Information über Argumentationsarten und ihre Wirkungen, ferner über Erwiderungsmöglichkeiten bzw. Erwiderungstechniken.

5.1.1.2.5 Die Rollendiskussion

Die Rollendiskussion erfordert die Fähigkeit, Akzeptierung und Konfrontation situationsgemäß zu handhaben. Sie ist eine konstruktive Synthese des in den vorhergehenden Übungen Gelernten.

a) Ziele:
- Zusammenspiel von Partnern, Herausfinden von Gemeinsamkeiten.
- Weiterführendes Gespräch lernen.
- Beziehungsaufbau im Gespräch üben.
- Argumentationen erkennen und entsprechend beantworten.
- Argumentation des anderen für sich verwenden lernen.
- Diskussionstaktiken entwickeln und anwenden lernen.

b) Skizze des Übungsverlaufes.

Zuerst werden von den Gruppenmitgliedern verschiedene Themen gesammelt, über die sie gerne diskutieren möchten und die kontrovers sind. Dann wird abgestimmt, um die Vorschlagsliste zu reduzieren. Für die Themen mit den meisten Stimmen werden Diskussionsgruppen von je vier Personen gebildet, wobei nach Möglichkeit echte kontroverse Gruppen zusammengestellt werden sollen. Die einzelnen Paare, die grundsätzlich ähnliche Ansichten haben, sprechen sich ab, wie sie vorgehen wollen, und sammeln ihre Argumente. Sie verteilen ihre Rollen und entwickeln eine Strategie (z. B. Radikaler und Vermittler oder Progressiver und Konservativer). Die Besprechung erfolgt analog der Übung Kreuzverhör bzw. Aggressionsauflösung.

c) Beispiele von Lernpunkten
- Es ist weniger wichtig, daß einem die Argumente selbst einleuchten, sondern daß sie der andere einsieht.

- Vor allem auf positive Dinge des Gegners eingehen.
- Die Schlußzusammenfassung bewirkt den Gesamteindruck.
- Verbindlich sprechen, wenn ich Zustimmung haben will.
- Die Argumente des Gegners womöglich für sich verwenden.
- Dem Partner den Ball zuspielen.
- Sich die Argumente, die nicht beantwortet werden, besonders gut merken.
- Die Vorbereitung ist besonders wichtig.
- Seine Konzentration nicht nur auf den Inhalt, sondern vor allem auf den Gesprächsverlauf richten. Gelegentlich über den Verlauf der Diskussion sprechen, also Metakommunikation betreiben.
- Dic Beziehungsebene ist wichtiger als der Inhalt.
- Sich bei der eigenen Taktik überlegen, wie der andere darauf reagieren wird.
- Ich muß mir überlegen, ob ich bei einer Diskussion gewinnen will und damit persönliche Beziehungen störe, oder ob ich es für wichtiger ansehe, die persönlichen Beziehungen zu erhalten, auch wenn ich dadurch nicht den Erfolg habe.
- Das Ziel, das ich in einer Diskussion verfolge, muß mir vorher vollständig klar sein.
- Ich muß eine Erweiterung der Zustimmung erstreben.
- Ich muß mir Aufzeichnungen über den Gesprächsablauf machen, um später auf frühere Beiträge des anderen eingehen zu können.
- Ein positives Klima herstellen.
- Ich muß viel genauer zuhören lernen.
- Auch in der Diskussion auf das nonverbale Verhalten des anderen achten.
- Besprechung der Lernpunkte und Information über Diskussionstechnik.

5.1.1.2.6 Das Autospiel

Die Rollendiskussion hatte ein kontroverses Sachgebiet zum Thema. Der Schwerpunkt lag auf der rationalen Argumentation. Prozeßverläufe der Gruppenkommunikation, die wohl implizit vorhanden waren, wurden bei der Auswertung nicht primär thematisiert. Beim Autospiel treten die Prozeßverläufe einer Gruppenkommunikation viel deutlicher zu Tage und können daher leicht bewußt gemacht werden.

Das Autospiel ist eine weiterführende Übung, in der das bisher Gelernte angewandt werden kann, die aber darüber hinaus die nachfolgenden neuen Ziele verfolgt.

Das Autospiel wird erst am Ende des dreitägigen Trainings eingesetzt, da jetzt die zweite Kommunikationsphase soweit erreicht ist, daß die Erkenntnisse, die das Autospiel bringt, auch angenommen werden können.

(Wir haben das Autospiel nach einer Vorlage von Norman R. F. Maier übernommen, variiert in K. Antons „Praxis der Gruppendynamik“ [1].)

a) Ziele:

- Erkennen und Steuern von Entscheidungsprozessen. Erleben der Inhalts- und Beziehungsebene, sowie der rationalen und emotionalen Faktoren in Gruppenkommunikationen.
- Analyse von Gruppenkommunikationsprozessen. Erkennen der Abhängigkeit von Autoritäten und der eigenen Beziehung zu Autoritäten am Beispiel symmetrischer und asymmetrischer Kommunikation.
- Erkennen der Bedeutung von und Übung im Koalitionsaufbau.
- Entdecken der eigenen Chancen bei einer Konfliktlösung.

b) Skizze des Übungsverlaufes.

Vorlesen der Spielinstruktion, Ausgeben der Rolleninstruktionen. Als Beobachtungsaufgaben sind vorgesehen:

1. Erstellen einer Liste der Häufigkeit der Beiträge in Fünf-Minuten-Sequenzen, gegliedert nach Kurz- und Langbeiträgen.
2. Erstellen einer Interaktionsmatrix, gegliedert nach Sachbeiträgen, Aggressionsbeiträgen und freundlichen Beiträgen (zwei Beobachter).

Je nach der Größe der Gruppe können noch weitere Beobachtungsaufgaben ausgegeben werden. Z. B. Welche Lösungsvorschläge kommen durch und welche nicht? Wieso kommen diese durch und jene nicht? Wie ist die Kommunikation der Gruppenteilnehmer zum Chef (Kennzeichen asymmetrischer und symmetrischer Kommunikation)?

Welche Konflikte treten auf? Was sind die persönlichen und was die inhaltlichen Komponenten des Konfliktes?

Nach Beendigung des Spieles werten die Beobachter ihre Beobachtungen aus und übertragen diese auf Flipschart-Tafeln. Jeder Mitspieler erstellt eine Reihung über die Häufigkeit der Beiträge, die vom Trainer aufgeschrieben und mit den Beobachtungen verglichen wird. Dieser Vergleich bietet eine Gesprächsgrundlage.

Dann erstellen die Spieler eine Reihung, wie aggressiv sie die einzelnen Partner erlebt haben. Auch diese Reihung wird mit der Beobachtung verglichen; Unterschiede werden besprochen. Dann wird der Zusammenhang zwischen Häufigkeitsreihung und Aggressionsreihung herausgestellt. Im weiteren Verlauf wird das Interaktionsdiagramm eingehend analysiert; hierauf die übrigen Beobachtungen in die Gruppen eingebracht und besprochen.

Abschließend Vorführung der Video-Aufzeichnung und Besprechung in Sequenzen.

c) Beispiele von Lernpunkten

- Die eigene Strategie nicht nur am Beginn, sondern bis zum Schluß durchdenken. Verbündete suchen durch Beziehung herstellen.
- Konzentriert sein, um Chancen zu erkennen.
- Sich eine gute Mischung von Sachbeiträgen und Freundlichkeit überlegen.
- Das eigene Verhältnis zur Gruppe überdenken und gestalten.
- Erkennen, wer mit wem koaliert. Rechtzeitig Bundesgenossen suchen.
- Ich komme auf die Dauer nicht allein mit dem Kopf durch die Wand.
- Überlegen, was ich den anderen anzubieten habe.
- Nie die Verhandlung zu früh aufgeben, auch später kommen noch Chancen.
- Durch unnötige Äußerungen wurde ich aggressiver erlebt als ich war. Ich müßte freundlicher sein. Das bringt mehr. Meine Grundeinstellung war falsch, ich dachte zu sehr in Fronten.
- Nie aggressiv gegenüber der Gruppe sein.
- Im Führungsstil konsequent sein, jedes Mischen bringt Unsicherheit in die Gruppe.
- Ich ärgere mich über mich selbst; ich habe das Spiel zu leicht genommen.
- Ich muß besser zuhören und mir viel besser die Beiträge der anderen merken.
- Ich muß meine Aggression unter Kontrolle bringen, es gibt bei mir einen Aggressionsstau; die Ursache kenne ich nicht.
- Die Freundlichkeit der anderen wird von mir zu wenig erwidert.
- Ich muß meine Beziehung zu Vorgesetzten überdenken.
- Lösungsvorschläge soll ich nicht sofort bringen, sondern den günstigsten Augenblick abwarten. Ich darf das Ziel nicht aus dem Auge verlieren.
- Meine Zurückhaltung wirkt anders, als ich es mir vorstellte.
- Die eigene Problemlösung öfter bringen. Wenn sie das erste Mal nicht durchkommt, nicht aufgeben.
- Ich vertrete meinen Standpunkt zu aggressiv, zu absolut.

Anschließend erfolgt eine eingehende Besprechung der Lernpunkte und eine Information über Strategien bei Gruppenkommunikationen, sowohl für den Gesprächsleiter wie auch für die Gesprächsteilnehmer.

5.1.2 Kommunikationstraining: II

5.1.2.1 Programm

1. Tag:

Portraitierendes Interview, Aufnahme und Besprechung. Übung im Standpunktformulieren, zuerst mit kurzer Vorbereitung, dann stegreif.

Schließlich Stegreifstandpunktformulierung mit spontaner Erwiderung.
Erlernen von Erwiderungstechniken.
Eventuell abends Rollenspiel: „Vorgesetzter – Untergebener."
2. Tag:
Übung im Erkennen von Selektionsmechanismen.
Vorführung eines Films, dessen Ende erfunden werden muß. Danach Nacherzählung des Films und Interpretation des Films. Vorführung eines zweiten Films, Kettennacherzählung. Information über Selektionsmechanismen und psychische Vorgänge bei Interpretationen von massenmedialen Kommunikaten. Information über Manipulation durch Information, Analyse der Nachrichtensendung des Tages zum Erkennen von Manipulationstechniken.
3. Tag:
Problemlösungsübungen in Kleingruppen.
Information über Problemlösungsstrategien.

5.1.2.2 Übungen

5.1.2.2.1 Das portraitierende Interview.

Das portraitierende Interview ist eine weiterführende Übung zur Selbstdarstellungsanalyse und hat im Kommunikationstraining III, wie wir schon erwähnt haben, die gleiche Funktion wie die Selbstdarstellungsanalyse im Kommunikationstraining I. Daher gelten die ersten fünf Punkte der Ziele der Selbstdarstellungsanalyse ebenfalls für das portraitierende Interview.

a) Ziele:

- Erleben der Interdependenz im Gespräch: Zusammenhang von Inhalt und Beziehung, Abhängigkeit von Offenheit und Vertrauen. Erkennen der Unterschiede zwischen monologischer und dialogischer Kommunikation. Bedeutung des aktiven Zuhörens, des Eingehens auf das Bezugssystem des anderen und der Akzeptierung des anderen als Person.
- Erleben der Stereotype in der Anfangsphase der Kommunikation als Reduktion der Wirklichkeit.
- Erkennen der Unterschiede zwischen theoretischer und Erfahrungskomponente in der Kommunikation.
- Erfahrung der Ambivalenz von Offenheit und Geschlossenheit intra- und interpersonaler Kommunikation.
- Erleben des Einflusses der unterschiedlichen Rollenerwartungen und Leitbilder von Interviewer und Interviewten.

b) Skizze des Übungsverlaufes.

Die Teilnehmer werden aufgefordert, Paare zu bilden, die sich gegenseitig interviewen. Das Interview soll so geführt werden, daß der Interviewte sich so gut als möglich selbst darstellen kann. Es soll also kein Sachinterview, sondern ein persönliches, also ein portraitierendes Interview sein. Es verfolgt als Ziel, daß sich jeder ein möglichst anschauliches Bild vom anderen machen kann. Die Interview-Paare werden aufgenommen, vorgeführt und besprochen. Dabei geben zuerst die Interviewpartner ihre Eindrücke und Erfahrungen wieder, wie sie das Gespräch erlebt haben. Dann wird jedes Interview abschnittsweise vorgeführt und analysiert.

c) Beispiele von Lernpunkten

- Wenn der andere Emotionen äußert, dann ist es gut, diese zu reformulieren. Er spricht dann Wesentliches über sich weiter aus.
- Bei privaten Fragen darf nicht routinemäßig gefragt werden, es muß ein echtes Frageinteresse vom anderen erlebt werden.
- Der Augenkontakt ist bei persönlichen Gesprächen wichtig.
- Formelhafte, nichtssagende Fragen führen nicht weiter.
- Eine Aggression braucht viel Beschwichtigung, um wiederum eine persönliche Gesprächsbeziehung herzustellen.
- Ich bin ruhiger geworden und habe meine Angst vor dem Videorecorder und in Gesprächen abgebaut.
- Ich mußte Mut haben, Pausen auszuhalten.
- Ich soll mehr eingehen auf den Partner und vor allem mehr das nonverbale Verhalten von ihm beachten.
- Genau hinhören, wo wirklich das Interesse des anderen deutlich wird. Echte Anteilnahme zeigen.
- Wenn die Beziehung aufgebaut ist, spricht sich vieles leichter.
- Die Einleitungsfrage soll nicht allzu lang sein.
- Fragen ist schwieriger als ich dachte. Ich habe einen persönlichen Fortschritt im Eingehen auf den anderen festgestellt.
- Ich sollte meine Fragen besser vorbereiten. Ich habe die Hemmungen weitgehend abgebaut. Fragen ist schwieriger als befragt werden.
- Wiederholen, was der andere gesagt hat, ist oft besser als fragen.
- Aus Antworten womöglich die neuen Fragen aufbauen. Ich glaubte, schon vorher zu wissen, was der andere sagen wird, und überhörte dadurch, was er eigentlich gesagt hat.

Zusammenfassende Besprechung der Lernpunkte und ergänzende Information.

5.1.2.2.2 Standpunktformulierung und Erwiderungstechniken

Für die Optimalgestaltung von Statements im Kommunikationstraining I, die der Konfrontation diente, ist die Standpunktformulierung eine Weiterführung und Intensivierung. Die Standpunktformulierung hat daher im Gesamtaufbau des Kommunikationstrainings II den gleichen Stellenwert wie die Optimalgestaltung von Statements im Kommunikationstraining I. Neben einer weiteren Standpunktformel werden zusätzlich Erwiderungstechniken geübt. Darüber hinaus soll der große Unterschied von Streit und gewinnendem Gespräch deutlich werden.

a) Ziele

- Erlernen einer Standpunktformel (These, Begründung, Beispiel, These)
- Ordnenlernen der Argumente nach dieser Formel
- Erkennen der Schwächen in der Argumentation des anderen
- Heraushören der Argumente, die man für eine Erwiderung selbst verwenden kann.
- Eventuell (sofern die Übung erweitert wird auf gewinnende Gesprächsübung) Erkennen, wie ich den anderen für meine Ansicht gewinnen kann (Gemeinsamkeiten suchen, Argumentation vom Partner her zur Begründung der eigenen These).

b) Skizze des Übungsverlaufes:

Zunächst wird eine Standpunktformel an Hand von zwei Beispielen erklärt. Dann wird jeder gebeten, sich einen Standpunkt zu überlegen und zu formulieren. Als Vorbereitungszeit sind fünf Minuten vorgesehen. Dann werden die Standpunktaussagen aufgenommen und unmittelbar darauf besprochen.
Im weiteren Verlauf gibt der eine dem anderen einen Themenbereich vor, in dem er einen Standpunkt zu vertreten hat. Dieser formuliert in diesem Gebiet seinen Standpunkt, der andere erwidert ihm darauf.
Wenn noch Zeit bleibt, soll versucht werden, die gewinnende Gesprächstechnik zu üben. Wiederum gibt der eine dem anderen ein Thema. Dieser formuliert seinen Standpunkt. Nun aber soll der andere ihn nicht widerlegen, sondern versuchen, ihn für den gegenteiligen Standpunkt zu gewinnen.

c) Beispiele von Lernpunkten

- Eine Standpunktformel ist sehr praktisch. Die Formulierung meiner Aussage am Schluß erhöhte sehr die Wirkung.
- Besonders gut erwies sich die Verwendung der Argumente des anderen, um das Gegenteil zu beweisen.
- Widersprechen ist viel leichter als Gewinnen.
- Um zu gewinnen muß ich viel mehr auf die Argumente des anderen eingehen, und mir überlegen, warum er so argumentiert.
- Ich soll mehr vom Bezugssystem des anderen her argumentieren, wenn ich ihn für mich gewinnen möchte.

5.1.2.2.3 Die Aufnahme, Weitergabe und Interpretation von Kommunikationsinhalten

Bei der Übung von Erwiderungstechniken erlebten die Teilnehmer, daß sie in vielen Fällen nicht zuhören können und daß sie gelegentlich, gemäß ihren Erwartungsvorstellungen, Falsches heraushören. Damit entstand das Bedürfnis, die eigenen Selektionsmechanismen bei der Aufnahme und Wiedergabe von Kommunikationsinhalten kennenzulernen. Die nachfolgende Übung geht auf diese Erwartungen ein.

a) Ziele der Übung:

- Erleben der Bedeutung von persönlichen Hintergründen, Bezugssystemen und Erwartungen für die Rezeption von Inhalten und deren Weitergabe.
- Bewertung der Aussagen nach Fakten und Meinungen; Verständnis für die Notwendigkeit, diese auseinanderzuhalten.
- Aktives Zuhören, kritisches Aufnehmen und Weitergeben.
- Erlebnis der Unterschiedlichkeit, der durch die Lebenserfahrung verschiedenen Deutungen der Zeichen. Notwendigkeit des Feedback.
- Erleben der Gefahr von Verfälschung durch Systematisierung.
- Erkennen der Gesetze des Vergessens, Behaltens, Ergänzens und Veränderns bei Weitergabe von Informationen. [2]

b) Skizze des Übungsverlaufes.

Zunächst wird ein Film vorgeführt. Knapp vor dem Ende des Films (wir verwenden dazu häufig den Kurzfilm „Bis in den Himmel") wird der Film abgedreht. Die Teilnehmer werden gebeten aufzuschreiben, welches Ende sie vermuten. Dann wird der Film fertiggespielt.

Hierauf wird jeder einzelne vor dem Videorecorder bei Abwesenheit der anderen gebeten, den Film nachzuerzählen, ihn zu interpretieren und dann sein vermutetes Ende vorzulesen.

Vor der Besprechung der Video-Aufzeichnung werden die einzelnen gebeten, ihr vermutetes Ende mitzuteilen, wodurch den Teilnehmern deutlich wird, wie unterschiedlich das Ende des gleichen Films vermutet werden kann. Darauf wird die Frage gestellt, worauf diese Unterschiede zurückzuführen sind. Dann werden Nacherzählung, Interpretation und der erfundene Filmschluß eines jeden vorgespielt und genau besprochen. Die Zusammenhänge mit der Lebensgeschichte werden deutlich.

Dann folgt eine neue Übung. Wiederum wird ein Film vorgeführt. Diesmal aber sieht diesen Film nur ein einziger. Dieser erzählt diesen Film mit möglichst viel Details dem Nächsten. Diese Weitererzählung wird aufgenommen. Der Zweite erzählt den Film dem Dritten usw. bis zum Letzten.

Auch diese letzte Nacherzählung wird aufgenommen und unmittelbar darauf allen vorgeführt. Dann wird der Film gezeigt. Bei der Besprechung der Nacherzählungskette werden die einzelnen gebeten festzustellen, wer was warum vergessen, ergänzt, verändert und hinzugefügt haben könnte. Dies ist möglich, da die Gruppe sich inzwischen schon gut kennt.

c) Beispiele von Lernpunkten

- Ich muß viel genauer zuhören.
- Jede Aussage ist persönlich gefärbt und läßt auf das Wesen des Erzählers schließen.
- Ich muß genau zwischen Nacherzählung und Interpretation unterscheiden, diese gehen zu sehr ineinander.
- Ich habe mich viel besser kennengelernt.
- Bei der Weitergabe der Inhalte werden diese immer verschwommener. Wenn einer es nicht mehr versteht, erfindet er einen Zusammenhang.
- Jeder erlebt „seinen" Film.
- Wichtige Informationen nicht mündlich weitergeben, vor allem wenn sie für Dritte bestimmt sind. Ein regelmäßiges Feedback ist unbedingt notwendig.
- Wir müssen genau zwischen Vermutungen und Fakten unterscheiden. Vermutungen werden immer wieder als Fakten weitergegeben.
- Der Kommunikationsweg ist durch viele Filter gekennzeichnet. Man hört, was man hören will.
- Bei unlogischen Dingen kommen die subjektiven Elemente viel deutlicher zum Vorschein.
- Elemente mit Symbolcharakter sind mit besonderer Vorsicht aufzunehmen.
- Sich nicht zu früh eine Meinung bilden. Bei der Weitergabe nicht Details verstärken, da diese zu sehr verändern. Wenn ich eine Information höre, werde ich mich bemühen zum Urheber vorzudringen.
- Je länger die Kette, um so größer der Verzerrungseffekt.
- Die Interpretation wird zum Spiegelbild des eigenen Lebens.
- Je stärker einer persönlich engagiert ist, um so mehr verändert er.

Besprechung der Lernpunkte und Information.

5.1.2.2.4 Rollenspiel: „Vorgesetzter – Untergebener"

Nach dem intensiven Erlebnis der Unterschiede der Bezugssysteme, wird in dieser Übung versucht, vom Bezugssystem des anderen her fragen zu lernen. Darüber hinaus soll versucht werden, die eigentliche Aussage, die hinter Äußerungen sich verbirgt, herauszuhören.

Durch diese Übung soll das Vorhergelernte vertieft werden. Neu bei dieser

Übung ist der Aufbau von Vertrauen, der das Klima für ein offenes, persönliches Gespräch schaffen muß.

(Die genaue Übungsanweisung ist dem Buch von K. Antons „Praxis der Gruppendynamik“ [3] zu entnehmen.)

a) Ziele:

- Erlernen des verstehenden Gespräches.
- Herstellen einer Vertrauensbeziehung; Erleben des Zusammenhanges von Beziehungsaufbau und der Möglichkeit der Problemlösung.
- Üben des partnerorientierten Gespräches.
- Hinhören lernen auf Andeutungen, die das zentrale Problem sichtbar machen können.
- Entwicklung einer Sensibilität für Gesprächsdynamik.

b) Skizze des Übungsverlaufes.

Die Gruppe wird in Dreiergruppen eingeteilt, die die Übung in der vorgesehenen Form durchführen. Zwei Paare allerdings werden herausgenommen; ihr Gespräch wird mit dem Videorecorder aufgenommen.

Nach Beendigung der Übung bzw. der Aufnahme berichten die Beobachter über den Verlauf des Gespräches.

Dann erfolgt die Vorführung und Besprechung der Videoaufzeichnung. Dabei ist besonders interessant, feststellen zu können, wie viele Andeutungen dem Vorgesetzten entgangen sind.

c) Beispiele von Lernpunkten

- Ich konnte nicht auf den anderen eingehen und muß es lernen.
- Ich habe viel zu viel gesprochen. Ich muß mehr Mut zu Pausen haben; nach Pausen kommt oft überraschend eine wesentliche Aussage.
- Ein rein äußeres Eingehen auf den anderen wirkt nicht. Ich muß meine Grundeinstellung zum anderen ändern. Ich bin zu sehr ich-bezogen.
- Vor allem muß ich hinhören lernen, wann Gefühle geäußert werden.
- Die geringsten Vorwürfe stören den Kontaktaufbau. Sobald der andere in die Verteidigung kommt, ist ein persönliches Gespräch nicht mehr möglich. Information über verstehendes Gespräch. (Vgl. S. 32)

5.1.2.2.5 Die Problemlösung

Im Kommunikationstraining I wurde erstmals das Erkennen von Kommunikationsprozessen in Gruppen (Autospiel) geübt, wodurch die Beeinflussung von Kommunikationsprozessen in Gruppen erkannt werden konnte. Bei der Problemlösungsübung handelt es sich zunächst um eine Erweiterung und Vertiefung der damals gewonnenen Einsichten und Fähigkeiten. Diesmal sollen zusätzlich neue Beobachtungskriterien für Kommunikationsprozesse in Gruppen gewonnen werden. Die Teilnehmer aber sollen vor allem lernen, wie sie in Gruppen durch kreative Kommunikation Probleme besser lösen können.

a) Ziele:

- Erlernen kreativer Kommunikation.
- Fähigkeit zum weiterführenden Gespräch.
- Bewußte Gestaltung gruppenorientierter Beiträge.
- Erlernen von Problemlösungsmethoden.
- Erleben des Zusammenhangs zwischen Beteiligung an der Problemlösung und dem Vertreten der Richtigkeit einer Lösung.
- Erkennen der eigenen Kommunikationsfunktionen und ihre Steuerung.
- Erkennen und Steuern des Verlaufes des Kommunikationsprozesses bei Problemlösung durch Gruppen.

b) Skizze des Übungsverlaufes.

Der Gesamtgruppe wird eine Übersicht über die Übung gegeben. Dann wird sie in zwei Subgruppen unterteilt.

Erste Phase: Die Gruppe A löst Problem I und zu gleicher Zeit löst die Gruppe B Problem II.

Wir haben eine Reihe von Problemen gesammelt, die in der Literatur zu finden waren. Wenn diese für die konkrete Gruppe nicht geeignet sind, lassen wir von der Gruppe selbst Probleme formulieren. Dafür verwenden wir die Incident-Methode. [4]

Als Beispiel zwei Probleme aus der Wirtschaft:

Problem I: Auf seinem Weg durch den Betrieb beobachtet der Betriebsleiter B, daß der Monteur Mo am Fließband eine Arbeit sehr unrationell durchführt. Er überprüft daraufhin zunächst die Anweisung der Arbeitsvorbereitung und stellt fest, daß Mo seine Instruktionen genau einhält. Mo arbeitet in der Nachtschicht, in der die Angestellten der Arbeitsvorbereitung nicht arbeiten. Der Meister ist soeben zum Essen gegangen und kommt erst später zurück. Er ist nicht telefonisch erreichbar. Der Betriebsleiter selbst muß das Werk in zehn Minuten verlassen. Er beschließt deshalb, sofort zu handeln.

Problem II: Die Herren B und C haben auf der einen Seite den Abteilungsleiter A als gemeinsamen Vorgesetzten und die Sekretärin S als gemeinsame ihnen unterstellte Schreibkraft. Fräulein S beschwert sich nun beim Abteilungsleiter A, daß sowohl B als auch C häufig darauf bestehen, daß ihre jeweilige Arbeit sofort zu erledigen sei, und daß sie dann nicht wisse, wem der beiden sie den Vorrang geben solle. Außerdem sei sie mit Arbeit einfach überlastet, was aber weder B noch C einsehen. A entschließt sich sofort zu handeln. Die Einstellung einer zweiten Schreibkraft kommt jedoch aus finanziellen Gründen nicht in Betracht.

Für die Problemlösung wird eine halbe Stunde Zeit gegeben. Zweite Phase: Beiden Gruppen werden gemeinsam die Beobachtungsaufgaben erklärt und diese auf die einzelnen Personen aufgeteilt:

a) Feststellen der Häufigkeit der Beiträge in den einzelnen Gesprächsabschnitten, gegliedert nach Kurz- und Langbeiträgen (vgl. Autospiel).
b) Erstellen des Interaktionsdiagramms (vgl. Autospiel).
c) Kategorisierung der Beiträge bei den einzelnen Personen nach gruppenorientierten und sach-zielorientierten Beiträgen.
d) Feststellen der Problemlösungsfunktionen in den Gruppen.

Die Kategorien dafür sind Führungsfunktionen, Wirfunktionen, Kritikerfunktionen, Quertreiberfunktionen. Je nach der Größe der Gruppe werden diese Beobachtungsaufgaben jeweils auf ein oder zwei Personen verteilt.

Dritte Phase: Gruppe A löst Problem II, Gruppe B beobachtet gemäß den Aufgaben. Gruppe A wird bei der Problemlösung mit dem Videorecorder aufgezeichnet. Nach der Problemlösung erstellt jeder der Gruppe A eine Häufigkeitsreihung der Gesprächsbeiträge der Teilnehmer, hierauf eine Freundlichkeitsreihung, und schließlich teilt er jeweils jedem Teilnehmer zu, welche Funktionen (Führungsfunktion, Wirfunktion, Kritikerfunktion, Quertreiberfunktion) er bei ihm bevorzugt festgestellt hat und welche Funktion er an zweiter Stelle beobachtet hat. Jeder stuft sich aber auch selbst ein.

Vierte Phase: Gruppe B löst Problem I, Gruppe A beobachtet. Gruppe B wird dabei mit dem Videorecorder aufgezeichnet. Nach Beendigung der Problemlösung erfolgt auch durch diese Gruppe die Selbst- und Fremdeinschätzung gemäß den oben geschilderten Kriterien.

Fünfte Phase: Jedes Mitglied der Gruppe A bewertet mit je einem Mitglied der Gruppe B die beiden Problemlösungen. Sie verteilen pro Problem 100 Punkte.

Wenn noch Zeit vorhanden, dann kann es in einem Gesamtgruppengespräch versucht werden, zu einer gemeinsamen Beurteilung der Qualität der Problemlösungen zu gelangen. Dies kann aber auch in einem Gespräch von Delegierten erfolgen.

Die Beobachter schreiben nun ihre Ergebnisse auf Flipschart bzw. Overhead-Folien. Dann erfolgt die Gegenüberstellung von Selbsteinschätzung, Fremdeinschätzung und Beobachtungsergebnissen, und die Besprechung der Unterschiede gemäß den beobachteten Kriterien. Es wird der Zusammenhang zwischen diesen Einschätzungen und den Ergebnissen der Zweier-Verhandlung eingehend besprochen. Dabei berichten auch die einzelnen Paare, wie sie schließlich zu ihrer Punkteverteilung gelangten. Die Hintergründe der unterschiedlichen Bewertung der Punkteverteilung werden eingehend analysiert.

Schließlich kommt es zur Vorführung der Videoaufzeichnung der einzelnen Problemlösungsspiele mit genauer Besprechung. Zum Schluß erfolgt die Analyse des Gruppengespräches über die Gesamtbeurteilung der unterschiedlichen Problemlösungen.

c) Beispiele von Lernpunkten

- Ich muß meine gruppenorientierten Beiträge erhöhen.
- Zuerst ist eine eingehende Situationsanalyse notwendig, bevor man zur Lösung des Problems geht.
- Ich darf mich nicht nur auf die Sache, ich muß mich auch auf die Teilnehmer konzentrieren und sie viel häufiger fragen.
- Geht das Gespräch im Kreis, so ist dies aufzuzeigen; aber sich selbst dabei als mitschuldig erklären.
- Die Verwendung von Flipschart bei der Teamarbeit ist günstig für die Zusammenfassung, eventuell auch noch für die Situationsanalyse. Ansonsten aber stört sie die Teamarbeit, weil sich die Teilnehmer mehr auf die Flipschart-Tafel und weniger auf die Gruppe konzentrieren.
- Ich spreche zu sehr dozierend.
- Ich muß mir überlegen, welche Funktion ich in einer Gruppe übernehmen möchte.
- Ich muß auf den Standpunkt des anderen wirklich eingehen, wiederholen und zusammenfassen.
- Ich muß mehr aufgreifen, was die anderen sagen. Die Fixierung des Gesprächsstandes führt gut weiter.
- Ich rede zu viel und lasse die anderen nicht ausreden. Ich soll versuchen, die Argumente der anderen aus deren Sicht zu sehen. Ruhe bewahren; auch eine Pause kann schöpferisch sein.
- Achten, daß alle Teilnehmer sich an der Lösung beteiligen. Gesprächsbeiträge der anderen aufgreifen. Vermittelnder sein.
- Ein System für Problemlösung ist günstig.
- Nicht zu früh mit fertiger Lösung kommen.

5.1.3 Kommunikationstraining: III

5.1.3.1 Programm

1. Tag:

Verstehendes Gespräch. Aufnahme, Vorführung, Besprechung, Verbesserung. Information über „verstehendes Gespräch“.

2. Tag:

Übung in „amerikanischer Formaldebatte", Gruppenkonfrontation. Übung „kontrollierter Dialog" nach Vorführung eines Filmes. Nachmittags Beginn des „NASA-Spiels" zum Erkennen und Verbessern von Kommunikationsstilen. Aufnahme der einzelnen Phasen des Spiels, Wiedergabe und Besprechung.

3. Tag:

Fortführung der Übung: „NASA-Spiel" und seine Auswertung. Nonverbale Übung: „Paarzeichnen von Haus, Baum und Hund" auf Folie, mit Videoaufzeichnung.

Abschließende Besprechung der letzten Übung und Trainingsauswertung.

5.1.3.2 Übungen

5.1.3.2.1 Das verstehende Gespräch

Zu Beginn dieses Trainings steht wieder eine Übung zum gegenseitigen Kennenlernen und zum Aufbau der Beziehungen, eine Übung, die das gegenseitige Akzeptieren als Person zum Ziele hat. Sie soll zeigen, was die Teilnehmer in der Zwischenzeit gelernt haben.

a) Ziele:

Analog der Übung „Vorgesetzter – Untergebener" (Seite 116) und der Übung „Portraitierendes Interview" (Seite 112).

b) Skizze des Übungsverlaufes.

Es werden jeweils Paare gebildet, die miteinander das verstehende Gespräch führen. Bei dieser Paarbildung ist es gut sowohl solche zusammenzugruppieren, die sich schon von einem früheren Training her kennen, als auch solche, die sich nicht kennen. Daraus können die Unterschiede in einem verstehenden Gespräch zwischen Personen, die sich nahestehen, und solchen, die sich noch fremd sind, abgeleitet werden. Als Ziel des verstehenden Gespräches wird angegeben, daß jeder versuchen soll, auf die persönlichen Probleme des anderen einzugehen und es diesem möglich zu machen, seine Probleme darzustellen.

Drei verstehende Gespräche werden aufgenommen und besprochen, dann kommen die nächsten und so fort.

c) Beispiele von Lernpunkten

- Das persönliche Gespräch verlangt viel mehr als ein Sachgespräch.
- Aus der Frage ist in manchen Fällen mehr abzulesen als aus der Antwort.
- Keine Überrumpelungstaktik anwenden; sie führt zu nichts.
- Ich soll ruhiger und langsamer sprechen.
- Die ersten drei Gespräche sind anders verlaufen als die weiteren.

- Wir haben uns bei der Besprechung der ersten drei Gespräche näher kennengelernt. Dadurch sind die weiteren besser verlaufen.
- Meine Unruhe überträgt sich auf den anderen.
- Es hat keinen Sinn, zu lange harmonisch zu sein. Die Konfrontation muß doch bald kommen. Ich muß mehr auf die Reaktionen des anderen aufpassen.
- Ich habe festgestellt, daß ich schon viel heraushören konnte.
- Ich habe festgestellt, daß ich bereits vieles Nonverbales entdecke.
- Auch in Sachfragen können Grundeinstellungen entdeckt werden.
- Es ist auch möglich, über Sachfragen zum verstehenden Gespräch zu kommen.
- Gelegentliche Metakommunikation ist gut.
- Verstehen ist nicht gleich Zustimmung. Durch langsames bedachtes Reden kann ich mehr und Besseres sagen.
- Genau hinhören, was ist der Sinn. Ich soll kürzer sprechen.
- Was mich interessiert, muß noch lange nicht den anderen interessieren.

5.1.3.2.2 Die amerikanische Formaldebatte

Nach der Übung in der Akzeptierung kommt nun wieder eine Übung für „Harte Konfrontation". War das verstehende Gespräch eine Übung, die vorwiegend auf der Kommunikationsebene von Erfahrung, Erleben, Empfinden beruhte, so bewegt sich die folgende Übung vorwiegend auf der rationalen, theoretischen Ebene.

a) Ziele:
- Finden von Pro- und Kontra-Argumenten durch Teamarbeit.
- Fertigkeit in der effektiven Formulierung in der Fünf-Satz-Technik (vgl. dazu Hellmut Geißner „Rhetorik" [5]).
- Finden der Schwächen in der Argumentation des anderen.
- Widerlegungstechniken perfektionieren.
- Übung im Sprechdenken und in der Schlagfertigkeit.

b) Skizze des Übungsverlaufes.

Zuerst wird von der Gruppe ein kontroverses Thema gefunden.

Die Teilnehmer werden in zwei Subgruppen aufgeteilt, wobei die eine Gruppe die Pro- und die andere Gruppe die Kontra-Argumente vorbereitet. Jede Gruppe aber überlegt auch, welche Gegenargumente von den anderen gebracht werden können. Sie sammeln gemeinsam die Argumente und teilen diese auf. Jeder bereitet eine Formulierung nach der Fünf-Satz-Technik vor. Die Gruppe hat dafür zwanzig Minuten Vorbereitungszeit.

Die Gruppen setzen sich gegenüber. Der erste der Gruppe A vertritt seine vorbereitete These. Der erste der Gruppe B erwidert diese These, widerlegt sie und entwickelt seine Gegenthese dazu. Der zweite der Gruppe A widerlegt die Gegenthese und entwickelt wiederum seine These usw.

Diese Debatte wird aufgezeichnet, vorgeführt und besprochen. Dabei werden Verbesserungsvorschläge für die Formulierung gebracht. Auch kann entdeckt werden, daß viele Möglichkeiten der Widerlegung nicht genützt wurden.

c) Beispiele von Lernpunkten

- Ich habe immer nur hingehört, wo ich widersprechen kann und habe deshalb zu wenig herausgehört, wo der andere für mich bereits ein Argument geliefert hat.
- Das Fünf-Satz-Modell gab mir eine gewisse Sicherheit. Es ist ein Denkmodell, das mir bei der Vorbereitung hilft.
- Ich hatte diesmal keine Hemmungen mehr zu sprechen.
- Ich begann schärfer zu denken, höre aber immer zu sehr selektiv.
- Bei der Vorüberlegung der Gegenargumente, die kommen können, wurde uns unsere eigene Situation und unser eigener Standpunkt noch um vieles klarer.
- Ich habe entdeckt, wie viel Pro- und Kontra-Argumente es eigentlich gibt.

5.1.3.2.3 Der kontrollierte Dialog

Bei der Formaldebatte trat die Schwierigkeit auf, unmittelbar mit schlagkräftigen Argumenten zu antworten. Dabei wurde die Reformulierung als ein Mittel, um Zeit und Antwort zu finden, erkannt. Auch die Schwierigkeit der Sinnerfassung, der eigentlichen Aussage, wurde erlebt. Der kontrollierte Dialog überprüft die richtige Sinnerfassung und erlernt die Reformulierung. Er ist ein Instrument, Schwierigkeiten in der Gruppenkommunikation und zwischen einzelnen Teilnehmern, aktiv zu überwinden.

a) Ziele:

- Aktives Zuhören bis zur Beendigung der Aussagen des Partners.
- Übung im Erfassen und sinngemäßen Wiederholen der zentralen Aussagen des andern.
- Inhaltliches Feedback geben lernen.
- Erkennen der Schwierigkeit des Zuhörens bei emotioneller Beteiligung.
- Präzises und unmißverständliches Formulieren der eigenen Gedanken in kurzer Form.
- Verständnis für das unterschiedliche Erleben der Massenmedien, die unterschiedliche Interpretation von Kommunikationsinhalten und deren

Hintergründe; darüber hinaus Heraushören und Verstehen unterschiedlicher Bezugssysteme.

b) Skizzierung des Übungsverlaufes.

Es wird zunächst gemeinsam ein kurzer Film gezeigt, der sehr unterschiedliche Projektionen auszulösen vermag. Anschließend werden die Teilnehmer in Dreiergruppen aufgeteilt. Diese führen den kontrollierten Dialog wie folgt: A spricht mit B und C beobachtet. Dann spricht B mit C und A beobachtet. Schließlich spricht C mit A und B beobachtet. Das Gespräch dauert jeweils zehn Minuten, das Feedback des Beobachters ca. fünf Minuten (Gesamtübungszeit 45 Minuten.)

Der Verlauf des Gespräches geht nach folgenden Regeln: A formuliert seinen Standpunkt oder sein Problem zum Film. B wiederholt sinngemäß dessen Aussage bis A ihm zustimmt und die Richtigkeit der Wiederholung bestätigt. Dann erst gibt B seine Antwort. A wiederholt sinngemäß die Antwort von B und holt wiederum die Zustimmung zu der Richtigkeit dieser Wiederholung von B ein. Dann erst führt er das Gespräch weiter, und so fort. Der Beobachter C interveniert, wenn ein Gesprächsbeitrag falsch oder unvollständig wiederholt wird. Auf keinen Fall darf das Gespräch weitergeführt werden, bevor eine Übereinstimmung über das sinngemäße Erfassen einer Aussage erzielt ist. Am Ende der Übung besprechen die Dreiergruppen untereinander ihre Lernpunkte. Diese werden dann in der Gesamtgruppe referiert.

c) Beispiele von Lernpunkten

- Die Wiederholung wird um so schwieriger, je länger die Sätze sind.
- Es ist so schwierig, sich auf den anderen zu konzentrieren.
- In die Wiederholung ist uns meist eine Interpretation der Aussage des anderen eingeflossen.
- Es ist so schwierig, einen kurzen Satz zu bilden.
- Die Wiederholung wurde oft länger als der Beitrag selbst.
- Ein Fremder hat besser verstanden, was einer sagte, als der Nahestehende. Dieser glaubte immer schon vorher zu wissen, was der andere sagen wird.
- Je länger der Beitrag, um so mehr wird Fehlendes ergänzt.
- Es ist so wichtig, sich auf den anderen einzustellen und die eigenen Ansichten zu verdrängen; sonst redet man zu sehr aneinander vorbei.
- Der Augenkontakt war für uns eine große Hilfe. Unterbrechen schadet nicht, es hilft unter Umständen der Verständigung.
- Die Gestik unterstützte das Erinnerungsvermögen.
- Eine Verständnisheuchelei führt nicht weiter.
- Zuhören ist nicht eine Nebenbeschäftigung; es ist sehr anstrengend.

- Gestörte Beziehungen am Beginn haben das Gespräch unmöglich gemacht; wir mußten zuerst die Beziehungsstörung reparieren.

5.1.3.2.4 Erkennen und Verbessern von Kommunikationsstilen

Die vertiefte Weiterführung der Problemlösungsübungen der Kommunikationstrainings I und II unter Verwendung der Erkenntnisse, die in der Formaldebatte und im kontrollierten Dialog gewonnen wurden – bildet die Übung zum Erkennen und Verbessern von Kommunikationsstilen.

a) Ziele:

- Erkennen des eigenen Hauptkommunikationsstiles und des Ersatzstiles.
- Erlernen verschiedener Kommunikationsstile und deren situationsgerechten Anwendung.
- Erkennen des Kommunikationsverhaltens anderer und dessen Analyse nach dem Grid-System.
- Vertiefen des Problemlösungsverhaltens in Gruppen.
- Erleben der Auswirkung verschiedener Kommunikationsstile in Gruppen.
- Erlernen kommunikativen Gruppenverhaltens.
- Gegenüberstellung des eigenen analytischen Urteils über das Gruppenverhalten zu dem anderen. Erkennen unterschiedlicher Erlebnishorizonte.
- Übung im weiterführenden Gespräch.
- Erkennen des Leistungsvorteils der Gruppe und der Konsensentscheidung. Erleben der Abhängigkeit der Leistung der Gruppe von der Verwendung situationsentsprechender Kommunikationsstile.

b) Skizze des Übungsverlaufes.

(Durchführung des NASA-Spieles nach den Instruktionen vgl. K. Antons „Praxis der Gruppendynamik“ [6].)

Für jede Subgruppe werden Beobachter eingeteilt, die die Häufigkeit der Beiträge, das Ausmaß der gruppen-, sach- und zielorientierten Beiträge, sowie in einem Interaktionsdiagramm die Qualifikation der Beiträge, die zu den einzelnen Personen gerichtet werden, nach den Gitterstilen beobachten und festhalten (Information über die Gitterstile bei Blake Mouton: „Verhaltenspsychologie im Betrieb.“ [7]) Videoaufzeichnung des Gruppengespräches. Nach Beendigung des NASA-Spieles Einzel- und dann Gruppenbewertung der Gruppenaktion (gemäß den Fragen aus dem Beiheft Phase I Arbeitsmaterial für Gitterseminar, Grid-Organisationsentwicklung [7]). Dann erfolgt eine Information über Kommunikationsstile nach dem Grid-System. Danach eine Erläuterung der Hintergründe des Fragebogens zur Bewertung der Gruppenaktion.

Nun erfolgt eine Einstufung nach Hauptstil und Ersatzstil in der Gruppenarbeit. Nach diesen Kriterien bewertet jeder sich selbst, aber auch die anderen Mitglieder der Gruppe. Darüber hinaus ist auch eine individuelle Häufigkeitsreihung günstig (vgl. Auto-Spiel).

Sofern genügend Zeit vorhanden, erarbeiten jetzt noch je zwei Delegierte der einzelnen Subgruppen zusammen eine gemeinsame optimale Lösung des NASA-Spieles. Dabei ist die Ingroup-Methode vorzuziehen, d. h. die anderen Gruppenmitglieder können durch Zettelschreiben den Delegierten Informationen zukommen lassen.

Die Besprechung erfolgt nach Auswertung der Ergebnisse der Beobachter. Dabei werden zunächst die Häufigkeitsreihungen mit der beobachteten Reihung und die Selbsteinschätzung mit der Fremdeinschätzung verglichen. Darüber hinaus wird auf einer Tabelle eingetragen, wie die Selbsteinschätzung und die Fremdeinschätzung gemäß den Kommunikationsstilen ist, und wie sich diese Selbst- und Fremdeinschätzungen zu den beobachteten Stilen verhalten. Auch dies wird eingehend besprochen. Ferner erfolgt eine Darstellung der Anzahl der gruppen-, sach- und zielorientierten Beiträge der einzelnen, und ein In-Beziehung-Setzen dieser Ergebnisse mit den Kommunikationsstilen. Schließlich werden diese Ergebnisse mit den Leistungen der Gruppe in Zusammenhang gebracht. Es kann festgestellt werden, daß die Leistung der Gruppe abhängig ist vom Vorherrschen bestimmter Kommunikationsstile.

Dann erfolgt die Analyse der Videoaufzeichnung, bei der vor allem auf das Erkennen der Stilhintergründe der einzelnen Beiträge Wert gelegt wird. Auch wird die Konsensbildung sowie das Ausmaß des weiterführenden Gespräches untersucht.

c) Beispiele von Lernpunkten

- Ich lasse mich zu sehr von der Versuchung leiten, mit Sachargumenten weiterzukommen, und vergesse dabei, die einzelnen persönlich anzusprechen.
- Es wäre gut gewesen, wenn wir vorher ein Verfahren geklärt hätten, wie wir vorgehen können.
- Je mehr Teilnehmer, um so größer der Erfahrungsschatz, um so besser die Ergebnisse. Wir haben die Frauen in der Gruppe viel zu wenig beachtet, obwohl sie so gute Beiträge geliefert haben.
- Der einzelne kann das Gruppenklima verbessern. Gelegentlich über das Vorgehen der Gruppe sprechen und über den bisherigen Gesprächsverlauf.
- Man soll nicht um jeden Preis seine Meinung durchsetzen.
- Zuerst wäre es gut, Gemeinsamkeiten als Übereinstimmungen zu suchen, bevor die schwierigeren Fragen angegangen werden.

- Zuerst Freunde gewinnen, deren Beiträge aufgreifen und zitieren und dann erst die eigenen Vorschläge vortragen. Dies erhöht die Möglichkeit, daß man in der Gruppe durchkommt.
- Die Methode des Totredens bis einer resigniert, hat letztlich keinen Zweck.
- Sich um die einzelnen Mitglieder der Gruppe mehr kümmern.
- Nicht nachgeben, ohne überzeugt zu sein. Das Gruppenklima entscheidet über die Leistung.

5.1.3.2.5 Nonverbale Übung: Zeichnen von Haus, Baum und Hund

Sofern im Kommunikationstraining III noch Zeit bleibt, ist dies eine sehr gute Abschlußübung, weil durch sie die Kommunikationsstile, die beim NASA-Spiel festgestellt wurden, nonverbal sehr deutlich zum Ausdruck kommen.

a) Ziele:
- Erkennen der eigenen Kommunikationsstile (Hauptstil, Ersatzstil).
- Schulung in Empathie.
- Übung in kreativer nonverbaler Kommunikation.
- Selbsterkenntnis und Fremderkenntnis.

b) Skizze des Übungsverlaufes.

(Vgl. die Übungsschreibung in K. Antons „Praxis der Gruppendynamik“ [8].)

Die Besonderheit dieser Übung im Kommunikationstraining besteht darin, daß wir

1. die Zeichnung der beiden Partner auf Folien anfertigen lassen,
2. mit dem Videorecorder die Entstehung der Zeichnung aufnehmen.

Nach Beendigung der Zeichnung formuliert jeder einzelne schriftlich, wie er das gemeinsame Zeichnen erlebt hat.

Dies wird zuerst berichtet. Dann wird die Folie projiziert und besprochen, und schließlich die Videoaufzeichnung von der Entstehung der Zeichnung vorgeführt und analysiert. Die Vergleiche der Selbsterlebnisse mit den beobachteten Ergebnissen sind sehr aufschlußreich.

c) Beispiele von Lernpunkten
- Ich habe gar nicht gewußt, daß ich so autoritär bin.
- Ich muß viel mehr auf den anderen eingehen.

5.2 Das Wochentraining

5.2.1 Programm

1. Tag: (abends)

Einführung in das Programm, Aufnahme der Selbstdarstellung. Ausfüllen des eigenen Polaritätsprofiles. Vorführung der Selbstdarstellungen und Ausfüllen der Polaritätsprofile der anderen Teilnehmer (ohne Besprechung).

2. Tag:

Analyse der Selbstdarstellungen. Stummer Dialog.

3. Tag:

Erlebnisanalyse mit Fragebogen. Nonverbale Übung: Führen – Geführtwerden.

4. Tag:

Nacherzählung, Interpretation, Kettennacherzählung.

5. Tag:

Assoziationsanalyse. Illustriertenkollagen.

6. Tag:

Analyse einer Unterhaltungssendung. Nachrichtenanalyse, Information: Manipulation durch Information. Abends Statements der Teilnehmer über Rückblick und Ausblick – als Videoaufzeichnung. Zweites Ausfüllen und Auswerten der Polaritätsprofile (Selbst- und Fremdbild).

7. Tag:

Vorführung der Statements. Strategiebesprechung. Besprechung der Polaritätsprofile und ihrer Veränderungen.

5.2.2 Übungen

5.2.2.1 Die Selbstdarstellungsanalyse

Wir haben diese Übung bereits im Kommunikationstraining I eingehend geschildert. Sie erfolgt grundsätzlich in der gleichen Form wie dort, mit einem Unterschied: sofort nach der Aufnahme werden alle Statements vorgeführt und nach jedem Statement die Polaritätsprofile ausgewertet.

Die Besprechung der Statements am nächsten Morgen erfolgt um vieles ausführlicher und eingehender (pro Person ca. 50 Minuten) als beim Dreitagestraining. In der Besprechung der Statements beim Kommunikationstraining I wird in der Regel das „Ungesagte“ nicht thematisiert. Im Wochentraining hingegen, wird z. B. auf Handlungshintergründe, Angedeutetes, unbewußt zum Ausdruck Gebrachtes und vor allem auf nonverbale Mitteilungen sehr intensiv eingegangen.

5.2.2.2 Der stumme Dialog

Die vertiefte Auseinandersetzung mit jedem einzelnen in der Selbstdarstellungsanalyse bringt sehr rasch Prozesse der Gruppenkommunikation in Gang. Der stumme Dialog dient der Reflexion und Aufarbeitung dieser Prozesse. Er zeigt auch, inwieweit die Gruppenteilnehmer aufeinander einzugehen vermögen und überwindet Ausdruckshemmungen durch die nonverbale Kommunikation.

a) Ziele:

- Reflexion über das Gruppengeschehen und die Gruppensituation.
- Verarbeitung und Vertiefung der Selbst- und Fremderfahrung.
- Eingehen aufeinander, Erlernen des weiterführenden Dialoges.
- Erlernen der Interpretation nonverbaler Aussagen.
- Erlernen, sich nonverbal auszudrücken.

b) Skizze des Übungsverlaufes.

An der Wand werden zwei große Packpapierbögen nebeneinander mit Tixobändern befestigt. Auf einem Tisch davor liegen Filzstifte. Die Gruppe wird aufgefordert, auf diesen Bogen aufzuzeichnen, bzw. aufzuschreiben, wie sie den Tag erlebt hat und wie sie sich im Augenblick sieht. Während des stummen Dialoges wird nicht miteinander gesprochen. Wir geben dafür eine halbe Stunde Zeit.

Anschließend erfolgt gemeinsam durch die Gruppe die Besprechung, wobei vor allem die Entstehung, das aufeinander Eingehen der einzelnen thematisiert wird.

5.2.2.3 Die Erlebnisanalyse

Der zweite Tag benötigt einen neuen Kommunikationsimpuls. Dieser wird durch einen emotional stark wirkenden Film gegeben. Das bei vielen Menschen so verkümmerte Sprechen über ihre eigenen Gefühle wird durch diese Übung gefördert und trainiert.

a) Ziele:

- Erfahrung des individuell verschiedenen Bezugssystems als Selektions- und Interpretationsprinzip.
- Erleben der Projektion der individuell verschiedenen Wünsche, Erwartungen und Vorstellungen bei der Rezeption von Aussagen.
- Erfahrung der Wirksamkeit von Konsonanz- und Dissonanzmechanismen als Grund für das unterschiedliche Erleben von gleichen Inhalten.
- Relativierung des eigenen Bezugssystems und, als Folge davon, der eigenen Interpretationen.

- Offenheit für die Vielseitigkeit von Aussagen.
- Sensibilisierung für die Bezugssysteme anderer und deren Projektionshintergründe.

b) Skizze des Übungsverlaufes.

Zuerst wird ein Film vorgeführt (wir verwenden dafür häufig den Film „Nicht alles was fliegt ist ein Vogel", aber auch andere Kurzfilme eignen sich dazu). Nach der Vorführung werden die Fragebögen ausgeteilt. Sie enthalten folgende Fragen:

1. Schildern Sie Ihren unmittelbaren Eindruck.
2. Was hat Ihnen besonders gefallen?
3. Was hat sie geärgert?
4. Was ist nach Ihrer Meinung das zentrale Problem dieses Films?
5. Welche Absicht hatte nach Ihrer Meinung der Filmemacher?
6. Welche Personengruppe wurde nach Ihrer Meinung angesprochen?
7. Wie würden sie diesen Film beurteilen (–5 ganz schlecht bis +5 hervorragend)?
8. Begründen Sie Ihr Urteil mit einigen Sätzen.
9. Welche Szene fällt Ihnen bei Rückerinnerung als erste ein?

   Und für den Film „Nicht alles was fliegt ist ein Vogel" die Zusatzfragen:

10. Was bedeutet nach Ihrer Meinung der Vogel?
11. Was bedeutet nach Ihrer Meinung der Mann?
12. Was bedeutet nach Ihrer Meinung die Frau?

Nach dem Ausfüllen der Fragebogen werden die Teilnehmer gebeten, die Antworten auf Folien zu übertragen. Jeder der Teilnehmer übernimmt die Auswertung einer Frage.

Bei der Besprechung der meist sehr unterschiedlichen Antworten werden folgende Erkenntnisse gewonnen:

Jeder bezieht die Handlung des Films auf seine eigene Person. Es werden nur die Teile des Films gesehen und interpretiert, die in die eigene Erfahrungswelt hineinpassen. Die Unterschiede in der Auffassung und Interpretation sind auf die unterschiedlichen persönlichen Lebensgeschichten und psychischen Strukturen zurückzuführen.

Man könnte sagen: Was gesehen wird, ist jeder er selbst. Jeder hat seine Stereotypen, die ihm das Sehen scheinbar erleichtern, in Wirklichkeit aber das Erfassen der zentralen Aussage erschweren.

Das Gespräch, das namentlich an die drei letzten Fragen anknüpft, hat zum Thema: die Einstellungen des einzelnen zur Macht, zum anderen Geschlecht, zu sich selbst und zum Menschen schlechthin.

5.2.2.4 Nonverbale Übung: Führen und Geführtwerden

In der Erlebnisanalyse wurden die großen Unterschiede im Erfassen und Interpretieren eines Filmes deutlich. Die Erlebnisanalyse verwies auf den, durch die Lebensgeschichte und das Bezugssystem individuell unterschiedlich ausgeprägten Erlebnishintergrund. Sie zeigte, wie notwendig es ist, auf diese Phänomene verbal eingehen zu können. Die nonverbalen Übungen verlangen immer das nonverbale Eingehen auf den anderen, auf seine Erwartungen und Bedürfnisse.

a) Ziele:

- Steigerung des Einfühlungsvermögens.
- Sensomotorische Steuerung des eigenen nonverbalen Verhaltens.
- Reflexion und Analyse der durch nonverbale Vorgänge aufgerufenen Erlebnisse.
- Abbau von Hemmungen und Widerständen gegen nonverbale Kommunikation.
- Erleben der asymmetrischen Kommunikation im eigenen Verhalten und dem des Partners.
- Bewußtwerden seiner Beziehung zum Partner, Erlernen einer Rollenflexibilität.
- Vertrauen haben und Vertrauen geben.
- Sensibilität für interpersonale Konflikte in nonverbalen Aussagen; Erkennen der Möglichkeit einer Lösung durch nonverbales Verhalten.

b) Skizze des Übungsverlaufes.

Jeweils zwei Partner stellen sich einander gegenüber. Sie halten ihre Handflächen in einem Abstand von 5 cm gegeneinander. Dann beginnen sie Bewegungen auszuführen, wobei jeweils einer führt und sein Partner folgt, bzw. umgekehrt. In einer weiteren Phase dieser Übung berühren sich die Hände.

Eine andere Übung „führen und geführt-werden“ besteht darin, daß einer der beiden Partner die Augen schließt, während der andere seine Hand ergreift und ihn durch den Raum führt. Er zeigt ihm Gegenstände, von denen er annimmt, daß sie ihm Freude machen. Er läßt ihn diese Gegenstände berühren, abtasten usw. Nach zehn Minuten wird gewechselt: derjenige, der bisher geführt wurde, wird zum Führer.

Nach der Übung setzt sich die Gruppe im Kreis, und jeder berichtet zuerst, wie er sich als Geführter gefühlt hat und dann, wie er sich als Führer erlebt hat. Dabei werden die Berichte der Partner miteinander verglichen.

Zusammenfassende Information nach der nonverbalen Kommunikationsübung.

Die folgende Übung, nämlich Nacherzählung, Interpretation, Nacherzählungskette, haben wir beim Kommunikationstraining II ausführlich geschildert. Sie wird im Wochentraining im Prinzip in gleicher Form durchgeführt.

Das gleiche gilt für die Übung: kontrollierter Dialog.

5.2.2.5 Die Assoziationsanalyse

Der Vertiefung des Auseinandersetzungsprozesses mit sich und den anderen dient die Assoziationsanalyse. Sie leitet eine tiefgehende intra- und interpersonale Kommunikation ein und kann die Selbsterkenntnis in neue Dimensionen führen. Sie baut auf der Erlebnisanalyse auf und führt diese intensivierend weiter.

a) Ziele:

- Übung im Assoziieren und kreativen Denken.
- Bewußtmachen und Verstehen (bei sich selbst und bei anderen), welche Bedeutung die Lebensgeschichte und die augenblickliche Situation für Projektionen und Assoziationen hat.
- Übung im verstehenden Gespräch.
- Erkennen von und Umgehen mit Widerständen, bei sich und anderen.
- Annahme der eigenen Vergangenheit als Teil seiner selbst.
- Dynamisierung der Identität.
- Sensibilisierung für die emotionalen Komponenten in der Kommunikation.
- Übung in horizontaler und vertikaler Kommunikation.

b) Skizze des Übungsverlaufes.

Ein Film wird vorgeführt. Danach werden die Teilnehmer gebeten, die Assoziationen, die dieser Film in ihnen aufgerufen hat, aufzuschreiben. Nach dieser individuellen Assoziationsphase liest jeder Teilnehmer seine Assoziationen vor. Die anderen schreiben sich jene Assoziationen auf, zu denen sie Fragen stellen wollen.

Hierauf erfolgt ein Gespräch über die Assoziationen eines jeden einzelnen.

Information zur Assoziationsübung.

5.2.2.6 Collagen

Die Assoziationsanalyse bringt viel Persönliches zutage. Die Gruppenkommunikation konnte nur einen Teil davon verarbeiten. Die themenfreie Collage ist eine Art nonverbale Assoziationsübung, die einerseits neue Einsichten in die eigene Psyche ermöglicht und andererseits die Erlebnisse des Trainings verarbeiten hilft. Das Gespräch über die Collagen führt den intra- und interpersonalen Kommunikationsprozeß weiter.

a) Ziele:
- Kreative Selbstdarstellung.
- Erlernen der Erlebnisverarbeitung durch Objektivierung, Distanzierung und Assimilierung.
- Analyse des subjektiven Affiziertwerdens von massenmedialen Darstellungen je nach der psychischen Situation.
- Sensibilisierung für unbewußte Kommunikationsdynamik, für Widerstände und für die emotionalen Faktoren in der Kommunikation.
- Fähigkeit zur Interpretation eigener und fremder nonverbaler Aussagen.
- Schulung im verstehenden Gespräch, im Feedback-geben und -empfangen.
- Steuerung horizontaler und vertikaler Kommunikation.
- Selbstannahme durch besseres Selbstverständnis.

b) Skizze des Übungsverlaufes.

Jeder Teilnehmer bekommt eine Anzahl von Zeitungen und Illustrierten. Dazu Klebstoff, Filzstifte, eine Schere und einen Packpapierbogen. Jeder soll sich zunächst die Illustrierten und die Zeitungen durchsehen und die Bilder bzw. Texte, die ihn ansprechen, herausschneiden. Daraus fertigt er eine persönliche Kollage an, indem er die Einzelteile auf seinem Bogen anordnet und zueinander in Beziehung bringt. Filzstifte in den verschiedenen Farben stehen ihm zur Verfügung. Für die Arbeit der Kollagen werden eineinhalb bis zwei Stunden Zeit gegeben.

Die fertigen Kollagen werden im Trainingsraum aufgehängt. Die Gruppe geht von Kollage zu Kollage und bespricht diese mit dem Hersteller.

Kollagen sind eine bewußte Konfrontation in visueller Sprache. Die Teilnehmer werden konfrontiert mit einer großen Quantität und äußerst variationsreichen Kombinationen von Bildern und Texten aus Illustrierten und Zeitungen. Weil jeder Teilnehmer optische und textliche Elemente nach seinem Interesse auswählen muß, sagt jeder über sich selbst etwas aus. Die Auseinandersetzung mit seiner Kollage ist daher die Auseinandersetzung mit sich selbst. Er entdeckt Neues, was ihm beim Produktionsprozeß noch nicht bewußt wurde.

Dabei erlebt jeder selbst, was ihn von den Massenmedien anspricht, und kann überlegen, warum gerade dies ihn angesprochen hat.

Bei der Gestaltung der Kollagen kann ein dreifacher seelischer Prozeß vor sich gehen.

a) Eine Objektivierung. Die seelischen Inhalte werden in den Bildern und in der Kollage als solche objektiviert. Dadurch werden sie zum Gegenstand der Auseinandersetzung.
b) Distanzierung. Weil die seelischen Inhalte zum Objekt der Auseinander-

setzung werden, entsteht eine gewisse Distanz zu diesen. Dies ist die Voraussetzung für die

c) die Assimilierung. Durch die Besprechung mit der Gruppe ist es möglich, daß die herausprojizierten psychischen Inhalte assimiliert werden, daß also eine Integration dessen erfolgt, was bisher unbewältigt war.

d) Die Kommunikation als vierte Funktion der Verarbeitung der Kollagen besteht in der Besprechung mit der Gruppe. Wobei das Gespräch selbst Neues entdeckt, neue Assoziationen schafft, sich selbst und den anderen neu sehen lernt. Es ist also ein kreatives Gespräch.

Kollagen sind daher neue Kommunikationsmethoden. Sie helfen etwas auszusagen oder zu rezipieren, was man sonst nie oder kaum kommunizieren kann.

5.2.2.7 Die Analyse von Unterhaltungssendungen

Mit der Assoziationsanalyse und den Collagen kommt das Kommunikationstraining zu einem Höhepunkt, der durch tiefe intra- und interpersonale Kommunikation gekennzeichnet ist. Mit der Analyse von Unterhaltungssendungen wird ein Prozeß der Versachlichung eingeleitet. Als neue Dimension wird die Auseinandersetzung mit der Massenkommunikation gewonnen. Allerdings liegt der Schwerpunkt dieser Übung auch auf dem Erleben der Trainingsteilnehmer als Rezipienten. Von deren unterschiedlichem Erleben werden generalisierend Einsichten gewonnen, welche Funktion die Massenmedien für den einzelnen und für die Gesellschaft haben.

a) Ziele:

- Erlebnis von unterschiedlichen Bewertungen und ihrem Hintergrund. Daraus Relativierung des eigenen Urteils.
- Analyse des Erlebnisverlaufes und der Identifikation als Mittel der Selbst- und Fremderkenntnis.
- Erkenntnis der individuellen und gesellschaftlichen Funktion der Unterhaltung. Erkennen der Manipulationsmöglichkeiten, die durch Unterhaltungssendungen gegeben sind.
- Erkennen der weltanschaulichen Implikationen in Unterhaltungsprogrammen.
- Analyse der Konflikte und Beurteilung der Konfliktlösungen in dramatischen Unterhaltungsprogrammen.
- Bewußtmachen der Intentionen von Kommunikator und Rezipient.

b) Skizze des Übungsverlaufes.

Ein Serienprodukt von einem Spielfilm bzw. einer Unterhaltungssendung des Fernsehens wird gemeinsam angesehen. Jeweils nach fünf Minuten wird ein akustisches Zeichen gegeben und die Teilnehmer werden gebeten aufzuschreiben, wie sie die Sendung in diesem Augenblick erleben. Zur Beurteilung steht eine Bewertungsskala von –5 bis +5 zur Verfügung.

Nach der Vorführung werden die Einzelbewertungen nach den Fünf-Minuten-Abschnitten auf eine Tafel, eine Flipchart oder eine Folie geschrieben. Die Unterschiede werden sehr deutlich. Sie werden gemeinsam besprochen.

Im weiteren wird darüber gesprochen, was jedem Teilnehmer persönlich und voraussichtlich der großen Zahl der Fernsehzuschauer an dieser Sendung gefallen hat, und welche Bedürfnisse befriedigt wurden.

Dann kann die Unterhaltungssendung noch einmal vorgeführt werden. Jeweils nach den fünf Minuten (die durch das akustische Zeichen bei der ersten Vorführung festgelegt wurden) wird die Sendung unterbrochen. So kann alle fünf Minuten darüber gesprochen werden, wie der Erlebnisverlauf ist und was im besonderen angesprochen hat.

Darüber hinaus wird es interessant sein, die Menschenbilder und die Reproduktion bestimmter gesellschaftlicher Situationen genauer zu untersuchen.

Auch wird sich „das Muster“, nach dem Unterhaltungssendungen „gestrickt“ sind, herauskristallisieren lassen.

Am Ende der Übung erfolgt eine Information zum Thema „Manipulation durch Unterhaltung“.

5.2.2.8 Die Nachrichtenanalyse

Bei der Nachrichtenanalyse tritt das subjektive Erleben noch stärker in den Hintergrund. Die Nachrichtenanalyse beschränkt sich auf die Feststellung von Konsonanz- und Dissonanzmechanismen.

Im Sinne der zunehmenden Versachlichung und des Prozeßabbaues des Trainings wird nun primär die Aussage und die Kommunikatorintention im massenkommunikativen Prozeß untersucht.

a) Ziele:

- Erleben der Bedeutung der subjektiven Einstellung für das Aufnehmen, Behalten und Bewerten von Nachrichten.
- Erkennen der individuellen Konsonanz- und Dissonanzmechanismen.
- Sensibilisierung für direkte und indirekte Stellungnahme der Kommunikatoren.
- Erkennen von Manipulationstechniken in der Auswahl und Gestaltung von Nachrichten.
- Erkennen und Abstimmen eigener und fremder Kommunikationsintentionen und ihre Abhängigkeit von den Bedürfnisstrukturen.

- Wissen um die Bedeutung des „Images“ der Kommunikatoren und der Medien im Kommunikationsprozeß, insbesonders bei Nachrichtensendungen.
- Koorientierung durch gemeinsame kritische Verarbeitung von Informationen.

b) Skizze des Übungsverlaufes.

Zuerst wird der Film „Goebbels spricht“ analysiert. Daraus werden die Prinzipien der subjektiven und tendenziösen Gestaltung von optischem Material abgeleitet. Dann wird eine Information über „Manipulation durch Information“ gegeben und schließlich die Nachrichtensendung des Tages analysiert. (Die genaue Darstellung dieser Übung ist zu finden in „F. Zöchbauer: Lehrgang Fernseherziehung Oberstufe“ [10].)

5.2.2.9 Strategieübung

Die Strategieübung soll zum Schluß des Trainings den Übergang in die „back-home-Situation“ erleichtern und das im Training Gelernte anwenden lernen.

a) Ziel:
- Reflexion über das beim Training Gelernte.
- Aufstellung einer Prioritätenliste nach der persönlichen Anwendbarkeit des Gelernten.
- Aktivierung der Übertragung des Gelernten auf die konkrete Lebenssituation.
- Entwicklung einer Strategie zur Verbesserung der Kommunikationsverhältnisse im „back-home-Bereich“.

b) Skizze des Übungsverlaufes.

Jeder einzelne bekommt den Auftrag, in einem Statement darzulegen:
a) was war der größte persönliche Gewinn dieser Woche
b) welche Möglichkeiten und Schwierigkeiten sieht er in der Übertragung des Gelernten auf seine back-home-Situation
c) welche Fragen hat er bezüglich der Entwicklung einer Kommunikationsstrategie für seine Alltagssituation.

Diese Statements werden einzeln aufgenommen. Während dieser Zeit füllen die übrigen Trainingsteilnehmer noch einmal die Polaritätsprofile von den anderen Gruppenmitgliedern aus, geben sie diesen und werten ihre eigenen Polaritätsprofile aus.

Dann wird jedes Statement vorgespielt, besprochen, und für den einzelnen eine Strategieentwicklung versucht. (Vgl. S. 54–58)

5.2.2.10 Besprechung der Polaritätsprofile

Zum Abschluß folgt noch die Besprechung der Polaritätsprofile. Sie konzentriert sich vor allem auf die Eigenschaften, bei denen Selbsteinschätzung und Fremdeinschätzung vollständig auseinanderfallen. Dies kann sowohl die Ersteinschätzung als auch die Letzteinschätzung betreffen. Die Gruppenmitglieder sind dabei zu fragen, wieso sie zu dieser anderen Einschätzung kommen. Dieses Gespräch kann eine Änderung der Selbsteinschätzung herbeiführen.

Auch wenn das Wunschbild der Fremdeinschätzung entspricht, ist darüber zu sprechen. Es wird dann darauf aufmerksam gemacht, daß der einzelne seinem Wunschbild schon näher ist als er glaubt.

Wenn divergierende Schwerpunkte in der Einschätzung eines einzelnen auftreten, werden auch diese thematisiert und näher besprochen. Daraus ergibt sich ein wertvolles Feedback, wie wer wen warum so erlebte.

Auch wenn bei einem einzelnen die Streuung in der Fremdeinschätzung sehr groß ist, wird darüber zu sprechen sein. Vor allem, warum beim Ersteindruck hier so unterschiedliche Auffassungen zustande kamen.

5.2.3 Zusammenfassung

Zum Schluß soll die systematisierte Zusammenfassung der Statements eines konkreten Wochentrainings gegeben werden.

a) Selbsterkenntnis.

Meine persönlichen Wünsche und die Realität muß ich verarbeiten.

Vieles in den zwischenmenschlichen Beziehungen wurde mir deutlicher.

Vieles ist mir klar geworden z. B. mein Distanzverhalten in der Gruppe.

In den verschiedenen Programmen bekam ich sehr viel Aufschluß über mich selbst.

Der Test war für mich sehr aufschlußreich.

Mein stark ausgeprägtes autistisches Verhalten ist mir klar geworden.

b) Selbsterfahrung.

Lernen ist erst dann erfolgreich, wenn es Erfahrung wird.

Wesentliche Dinge, die man zum Zusammenleben braucht, lernt man durch Erfahrung.

c) Gruppenerfahrung.

Eine Gruppe zu bilden, die funktioniert, ist sehr schwierig. Anfangs schön, dann aber gibt es Enttäuschungen. Die Erwartungen soll man nicht zu hoch spannen.

Ich war angenehm überrascht, daß in einer Woche eine Gruppe entstehen kann, in der offen diskutiert wird.

Die ganze Gruppe mit dem Stab war sehr engagiert.

Um Kommunikation zu stimulieren, müssen verschiedene Spannungselemente in der Gruppe eingebaut und abgebaut werden.

Ich habe sechzehn Menschen kennengelernt und bin tief beeindruckt zu sehen, wie alle ihre Stärken und Schwächen haben, aber auch wie sie veränderungsfähig sind und sich auch ändern.

d) Subjektivität des Urteils und der Wahrnehmung.

Erschütternd festzustellen, daß man mit höchster Konzentration nicht in der Lage ist, einen Sachverhalt tatsächlich wiederzugeben.

Es ist schrecklich, wenn ich bedenke, daß sämtliche Gerichte auf Grund von Zeugenaussagen Recht sprechen.

Das Hauptproblem ist, wir sind so festgefahren in unserer Meinung. Wie lernen wir, den anderen zu akzeptieren?

Ich habe erkannt, daß man zu oft ein schlechter Zuhörer ist, weil man seine eigenen Urteile vorzeitig einbaut.

Wesentlich ist für mich die Erkenntnis der Relativität der eigenen Meinung.

Man projiziert immer beim Wahrnehmen. Beurteilung und Wahrnehmung sind fast immer sehr unterschiedlich.

e) Konflikt und Konfliktlösung.

Konflikte soll man nicht überbewerten, sondern versuchen zu verstehen, woher sie kommen.

Ich habe gelernt, aus welchen Elementen Konflikte sich zusammensetzen und wie sie gelöst werden können.

Ich habe Einsicht in die Problematik einer Konfliktlösung bekommen.

f) Nonverbales.

Nonverbales Verhalten habe ich als äußerst wichtig erlebt und es zu sehen gelernt.

Ich habe erlebt, wie die Körperhaltung Ausdruck des Inneren sein kann, was ich für mich selbst aus dieser Körperhaltung ableiten kann und wie ich den anderen besser verstehen kann.

g) Wichtigkeit der Beziehungsebene.

Man soll versuchen in Gesprächen auf eine gleiche Ebene zu kommen und Sorge tragen, daß die Beziehungsebene ausgebaut wird.

Es wird heute immer wichtiger, Herz und Gefühl gelten zu lassen.

Ich habe gelernt, viel mehr auf die zwischenmenschlichen Beziehungen zu achten.

h) Überbewertung.

Ich habe erlebt, wie man Kleinigkeiten überbewerten kann, was auch sonst im Leben vorkommt, und was man tun kann, um dies zu verhindern.

i) Selbstentfaltung.

Ich muß versuchen, noch mehr Freunde zu gewinnen, so daß man durch dialogische Kommunikation sich selbst besser entfalten kann.

k) Hinhören, sich Hineindenken, Beobachten.

Ich muß mehr auf den anderen hören. Mein Bild des anderen ist immer zu sehr meines. Ich muß auf den anderen eingehen, wach sein für ihn. Die Zuhör-Übung war für mich das wichtigste.

Ich soll mich bei Gesprächen mehr konzentrieren. Ich muß zuhören lernen, um einerseits dem Partner Ruhe zu geben und andererseits mich einfühlen zu können. Ich will versuchen den Menschen so zu nehmen, wie er ist. Ich muß viel besser beobachten und mich in die Situation des anderen versetzen lernen. Wenn ein Wort nicht gehört wird, kann ein Prozeß von Mißverständnissen ausgelöst werden, der sehr lange dauern kann.

Bei Aussagen soll ich überlegen, warum, was und wie hat er das gesagt.

Die Sensibilität für die Problematik des anderen muß ich noch weiter entwickeln.

Ich soll weniger mit Argumenten, sondern mehr mit Verstehen arbeiten.

l) Informationsvermittlung.

Ich weiß jetzt einen Weg, wie ich Informationen so weiter geben kann, daß sie auch wirklich verstanden und behalten werden. Das will ich in meinem Betrieb nun anwenden.

m) Vertrauensbasis schaffen.

Ich muß mich noch mehr bemühen, das Vertrauen in meiner Umgebung zu vertiefen und das Klima zu verbessern.

6 Anforderungen an den Kommunikationstrainer

Um die Ziele des Kommunikationstrainings erreichen zu können, sind an den Kommunikationstrainer bestimmte Anforderungen gestellt, die sich im Laufe der von uns geführten Trainings als wesentlich herauskristallisiert haben. Sie betreffen einerseits die Person des Trainers, also ihn als Mensch, andererseits sein Verhalten im Training. Beides hängt eng zusammen. C. Rogers [1] spricht von Trainerverhaltensweisen, die seiner Meinung nach den Kommunikationsprozeß schädigen. Er sagt, er sei argwöhnisch einem Trainer gegenüber, der den Eindruck erweckt, Trainingsbedürfnisse und Trainingsnachfrage für sich selbst ausnützen zu wollen. Er meint, es gibt Trainer, die zur Devise haben: Sorge dafür, sobald wie möglich bekannt zu werden, oder wenn es etwas Neues gibt, rasch dabei zu sein. Diesen Charakterzug im Zusammenhang mit der Arbeit mit Menschen sieht er als ein ernsthaftes Vergehen an. Rogers gibt Grundgedanken, aus denen die Anforderungen an den Kommunikationstrainer formuliert werden können. Wenn der Trainer sich selbst der Verantwortung, die seine Tätigkeit an Mitmenschen mit sich bringt, bewußt ist, wird er auch an sich Anforderungen stellen, sowohl an seine Person als auch an sein funktionelles Handeln und seine professionellen Fertigkeiten.[2]

Folgende Einstellungen, Kenntnisse und Fertigkeiten, die auch zum größten Teil für den Trainer in anderen Trainings gelten, sind für den Kommunikationstrainer in seiner spezifischen Ausformung wesentlich:

1. Änderungsbereitschaft.

Offenheit und Dialogfähigkeit sind Voraussetzungen für effektive Kommunikation. Die Dialogfähigkeit verlangt Änderungsbereitschaft des Trainers selbst.

2. Selbstkritik und Selbstreflexion.

Selbstkritik und Selbstreflexion sind die Voraussetzung für Veränderung. Sie sollen die Revision des Selbstbildes betreffen, da wir wissen, welche Bedeutung das Selbstbild als Kommunikationsfaktor besitzt. (Die ständige Revision des Selbstbildes ist Voraussetzung für die Erhaltung einer dynamischen Identität.) Diese Selbstreflexion ist aber nicht nur wegen des Selbstbildes, sondern darüber hinaus auch für die Zielsetzung, die Interventionstechniken und die Handhabung der Methoden notwendig. (Denn auch diese haben sich ständig zu verändern.) Nur dadurch wird das Erstarren in Routine bzw. Routine überhaupt verhindert. Die Reflexion muß auch ihre konkreten Auswirkungen auf die weiteren Trainings haben. Für den Trainer gilt der

Grundsatz: action by reflexion. Selbstreflexion muß daher zu einer Dauerhaltung des Trainers werden.

3. Gelassenheit.

Seine eigene Unvollkommenheit zu kennen und zu akzeptieren führt zu Gelassenheit. Die Selbstannahme seiner selbst und seiner Vergangenheit ist die Voraussetzung für das Akzeptieren des anderen. Gelassenheit und Selbstannahme stehen in einer positiven Korrelation; sie ermöglichen die Bewältigung konfliktgeladener Situationen, die in Trainings häufig auftreten. Zu dieser Gelassenheit führt aber auch das Wissen um die Relativität des eigenen Bezugssystems. Dies ermöglicht die nötige Toleranz.

4. Hilfsbereitschaft.

Menschen, die zu Trainings kommen, sind vielfach in kommunikativen Mangelsituationen. Jemand zu kommunikativer Kompetenz und emanzipatorischer Kommunikation zu führen ist Lebenshilfe. Diese Hilfe hat der Kommunikationstrainer zu geben. Damit er dies kann, muß er den anderen akzeptieren und situationsgemäß auf ihn eingehen können.

5. Rollenflexibilität.

Die Kommunikation ist abhängig von den Situationen und den Rollenerwartungen. Beides verlangt Rollenflexibilität. Die Situation und die Erwartungen sind aber im Verlauf eines Kommunikationstrainings verschieden. Allein die Führungsrolle wird nach der Trainingsituation jeweils anders sein. Daher ist Rollenflexibilität für den Kommunikationstrainer überaus wichtig.

6. Sensibilität.

Kommunikationstrainer sind in Kleingruppen tätig. Daher ist eine gewisse Sensibilität für die interpersonale Kommunikation, die bewußte und die unbewußte, notwendig. Der Trainer muß erkennen, was und warum etwas in einer Gruppe und zu welchem Augenblick verbal oder nonverbal mitgeteilt wird. Sensibilität ist aber nicht nur für die Gruppenkommunikation notwendig, sondern auch für die Intrakommunikation und die Massenkommunikation. Sensibilität ist eine Forderung für das Verständnis von integraler Kommunikation.

7. Vertrauen haben und Vertrauen geben.

Jede Kommunikation hat eine Inhalts- und eine Beziehungskomponente. Der Beziehungsaufbau und damit der Aufbau von Vertrauen ist ein wesentliches

Ziel des Kommunikationstrainings. Nur durch das Vertrauen können Widerstände überwunden werden. Widerstände aber wären, wenn sie nicht überwunden würden, Lernhindernisse. Daher ist es notwendig, daß der Kommunikationstrainer Vertrauen in sich selber und in die Gruppe hat, und daß dieses Vertrauen auch spürbar wird. Da ein Kommunikationstraining ein Änderungsprozeß für alle Teilnehmer ist, ist es umso notwendiger Widerstände, die diese Änderungen verhindern, abzubauen und Vertrauen aufzubauen. Der Trainer muß wissen, der einzelne und die Gruppe können immer mehr als sie glauben. Er soll daher nichts tun, was die Gruppe selber tun kann. Allerdings muß er die Bedingungen schaffen, damit dies möglich wird.

8. Das Umgehenkönnen mit Gefühlen.

Ein Kommunikationstraining ruft eine Fülle von Gefühlen hervor. Jede Kommunikation hat eine emotionale Komponente. Gefühle müssen in ihrer Realität auch gesehen werden. Das Umgehenkönnen mit Gefühlen im Kommunikationstraining und eine gewisse „Kultur der Gefühle" sind daher eine Forderung an den Kommunikationstrainer. „Kultur der Gefühle" heißt in diesem Zusammenhang, daß der Trainer selbst seine Gefühle situations- und partnergemäß verbalisiert, aber auch die Teilnehmer dazu ermutigt, dies zu tun. Die Teilnehmer können dadurch erleben, daß das Aussprechen der Gefühle heilsam und befreiend sein kann. Distanz und Nähe sind Kommunikationskomponenten, die durch Gefühle bestimmt werden. Der Kommunikationstrainer muß daher Nähe geben, wo diese notwendig ist, und in Distanz treten, wenn dies hilfreich ist.

9. Umgehen mit Widerständen und Konflikten.

Jedes Kommunikationstraining hat Änderung zum Ziel. Immer treten Widerstände gegen Änderungen auf. Widerstände sind als Teile von Konflikten zu sehen, Konflikte wiederum sind notwendige Lernhilfen. Konflikte sind durch Kommunikation lösbar. Daher ist das Umgehen mit Widerständen und Konflikten, sowie das Lösenkönnen von Konflikten und das Erlernen der Konfliktlösungen Aufgabe des Kommunikationstrainers.

10. Fähigkeit zur funktionalen Führung.

In jeder Gruppe müssen Führungsfunktionen wahrgenommen werden. Dies gilt auch für eine Gruppe in einem Kommunikationstraining. Der Trainer wird zu Beginn diese Funktion stärker wahrnehmen müssen, um dann im Verlauf des Trainings je nach den sich entwickelnden Führungsfunktionen der Teilnehmer diese Aufgabe abgeben zu können. Kommunikationstrainings sind strukturierte Trainings, daher ist die Führungsfunktion im Kommunikationstraining beim Trainer größer als in gruppendynamischen (unstrukturierten) Trainings. Immer aber wird das Programm vorgeschlagen und durch die Gruppe mitbestimmt. Die funktionale Führung besteht in erster Linie im Stimulieren und arrangieren von Kommunikationsprozessen und das Herbeiführen von Reflexionen. Diese Führungsaufgaben verlangen kooperativen Führungsstil.

11. Feedback geben und Feedback empfangen können.

Feedback ist ein Prinzip des Kommunikationstrainings. Der Kommunikationstrainer muß Feedback so geben können, daß es der andere annimmt. Er muß aber auch für das indirekte Feedback, das ihm die Gruppe ständig gibt, sensibel sein. Darüber hinaus hat er dafür zu sorgen, daß die Teilnehmer selbst Feedback so geben können, daß es für den, der es empfängt, hilfreich ist.

12. Kenntnisse der Kommunikationswissenschaft und Gruppendynamik.

Die Erfahrungen werden erst fruchtbar in vollem Ausmaß, wenn sie theoretisch durchleuchtet werden. Die Übertragung auf die back-home-Situation wird dadurch erleichtert. Um dies den Teilnehmern vermitteln zu können, ist es notwendig, daß der Kommunikationstrainer über viele wesentliche Einsichten der Sozialwissenschaften verfügt und daß er das, was in den Kommunikationstrainings geschieht, durch die Verwendung dieser Einsichten in systematischen Informationen den Teilnehmern durchschaubar machen kann.

13. Fähigkeit der Strategievermittlung.

Das Formulieren von Lernpunkten und Überlegen, wie das Gelernte in der back-home-Situation fruchtbar gemacht werden kann, ist grundsätzlich in das Kommunikationstraining eingebaut. Die Rationalisierung des Gelernten ist Aufgabe einer Strategie. Dazu ist nach der Analyse der back-home-Situation die Aufstellung eines Prioritätenkatalogs und das schrittweise Verwirklichen der Ziele nötig. Dies hat am Schluß des Trainings zu erfolgen. Dafür aber muß der Kommunikationstrainer Hilfe leisten können.

14. Spezifische Methoden.

Da die Kommunikationstrainings stark strukturiert sind, werden in ihnen sehr viele verschiedene Methoden verwendet. Diese Methoden sind ihrer Funktion nach im Kommunikationsprozeß bzw. im Trainingsprozeß genau zu kennen. Darüber hinaus müssen ihre Zielsetzungen und ihre Wirkungen dem Trainer genauestens bekannt sein.

15. Verantwortungsbewußtsein.

Das Kommunikationstraining vermittelt auch ein Instrumentarium, das wie jedes Instrument, wenn es nicht verantwortungsbewußt gehandhabt wird, mißbraucht werden kann. Der Kommunikationstrainer wird sich daher fragen müssen, ob er allen Gruppen und allen Personen sein Instrumentarium vermitteln kann. Er wird, wenn die Gefahr des Mißbrauchs für ihn deutlich wird, sich verantwortungsvoll entscheiden müssen, ob er für eine bestimmte Gruppe oder für eine bestimmte Institution ein Kommunikationstraining durchführen kann.

Da in Trainings eine Reihe von technischen Apparaten eingesetzt wird (Videorecorder, Tonfilmapparat, Overheadprojektor u. a.), muß der Kommunikationstrainer, über die genannten Fähigkeiten hinaus, diese Apparate, sowohl in technischer, als auch in methodischer Hinsicht handhaben können.

Alle diese Forderungen an den Kommunikationstrainer würden, wenn sie erfüllt werden, einen Idealtrainer und darüber hinaus einen Idealmenschen verlangen. Wichtig ist, daß all diese Forderungen von dem Kommunikationstrainer als Ziel anerkannt und angestrebt werden und daher schrittweise verwirklicht werden.

7 Effektivitätsmessung von Wochentrainings

7.1 Fragestellung und Durchführung der Effektivitätsmessung

Mit dieser Untersuchung sollte festgestellt werden, wie groß der Einfluß des Kommunikationstrainings auf die Selbsteinschätzung, die Idealeinschätzung und die Fremdeinschätzung, sowie die von Persönlichkeitstesten erfaßten Persönlichkeitsfaktoren ist. Diese Fragestellung ergab sich aus den Zielen, die wir uns in unseren Kommunikationstrainings gesetzt haben, und dem Wissen um die Möglichkeit der Veränderung von Einstellungen, Verhalten, Wahrnehmung und Reflexionsfähigkeit.

Zur Überprüfung der Fragestellung stellten sich die Teilnehmer von fünf verschiedenen einwöchigen Kommunikationstrainings zur Verfügung. Insgesamt wurden die Ergebnisse der ausgefüllten Testformulare von 44 Versuchspersonen ausgewertet und interpretiert. In bezug auf das Geschlecht, das Alter und den Beruf ergab sich folgende Verteilung: 33 Versuchspersonen waren männlich. Davon war eine Versuchsperson in der Altersstufe zwischen 15 und 20 Jahren, 10 Versuchspersonen zwischen 21 und 30 Jahren, 11 Versuchspersonen zwischen 31 und 40 Jahren, 8 Versuchspersonen zwischen 41 und 50 Jahren, 3 Versuchspersonen zwischen 51 und 60 Jahren.

Auf beruflicher Ebene waren folgende Unterschiede vorhanden: 6 Versuchspersonen übten einen freien Beruf wie z. B. Arzt oder Anwalt aus, 7 Versuchspersonen waren höhere Beamte oder leitende Angestellte, 6 Versuchspersonen waren Beamte, 6 Versuchspersonen waren Studenten, 4 Versuchspersonen Theologen und weitere 4 Versuchspersonen übten den Lehrberuf aus.

Von den 11 weiblichen Versuchspersonen waren 8 in der Altersklasse zwischen 21 und 30 Jahren, 2 Versuchspersonen in der Altersklasse zwischen 31 und 40 Jahren und 1 Versuchsperson in der Altersklasse von 41 bis 50 Jahren.

2 der weiblichen Versuchspersonen waren höhere Beamte oder leitende Angestellte, 3 Versuchspersonen waren Beamte oder Angestellte, 2 Versuchspersonen waren Hausfrauen, 2 Versuchspersonen waren Studentinnen und weitere 2 Lehrerinnen.

Das zur Überprüfung verwendete Instrumentarium setzte sich aus dem

a) Sixteen Personality Factor Questionnaire – 16-PF – von Cattell [1],
b) Freiburger Persönlichkeitsinventar – FPI – von Fahrenberg und Selg [2] und
c) den Einschätzskalen von E. Roth [3] zusammen.

Sowohl der 16-PF als auch der FPI beruhen auf einer faktorenanalytischen Persönlichkeitsauffassung, wobei Cattell ebenso wie Fahrenberg und Selg zu einer „Systematisierung inter- und intraindividueller Differenzen in Begriffen von Eigenschaftsdimensionen“ [4] gelangen wollen. Durch eine faktorenanalytische Behandlung einzelner Fragen, die sich auf Einstellungen, Gewohnheiten, körperliche Beschwerden, Befinden und Verhalten beziehen, sollen alle wichtigen Aspekte der Gesamtpersönlichkeit erfaßt werden.

Zur Einschätzung des Selbst-, Ideal- und Fremdbildes wurde das von E. Roth entwickelte Instrumentarium der Einstellungsskalen in etwas abgeänderter Form verwendet. Es wurde versucht, solche Eigenschaftspaare zu finden, die den jeweiligen Faktoren des 16-PF entsprechen. Jede auf irgend einen Gegenstand bezogene Einstellung wird dabei als ein Kontinuum betrachtet, das sich von einem extrem positiven zu einem extrem negativen Pol über eine neutrale Mitte hin erstreckt. Das Individuum ordnet sich selbst oder eine andere Person entsprechend der Richtung und dem Ausprägungsgrad einem bestimmten Pol in diesem Kontinuum zu. Mit anderen Worten: die einzelnen Teilnehmer müssen sich selbst oder die anderen Gruppenmitglieder hinsichtlich bestimmter vorgegebener Persönlichkeitsmerkmale einstufen.

Die Untersuchung war so angelegt, daß die Trainingsteilnehmer jeweils zu Beginn und am Ende des Trainings gebeten wurden, mit Hilfe der Einschätzskalen ihr Selbstbild und Idealbild einzustufen sowie eine Einschätzung der anderen Gruppenmitglieder vorzunehmen. Die Erstellung des Fremdbildes erfolgte nach dem gemeinsamen Sehen der Aufzeichnungen der Selbstdarstellungen. In ähnlicher Weise erfolgte die Erhebung des Fremdbildes am Ende des Trainings.

Ebenso wurde unmittelbar am Beginn des Trainings die Halbform: A des 16-PF und am Ende des Trainings die Halbform: B des 16-PF von den Teilnehmern ausgefüllt.

Im Unterschied dazu wurde die Halbform: A des FPI von den Teilnehmern vier Wochen vor Beginn des Trainings, und die Halbform: B sechs Wochen nach Beendigung des Trainings ausgefüllt, um die Annahme erhärten zu können, daß das Training nicht nur eine unmittelbare Veränderung bewirkt, die durch die Rückkehr in den Alltag sofort wieder aufgehoben wird, sondern daß das Training auch nachhaltige Einstellungsänderungen zu verursachen vermag.

7.2 Ergebnisse der Effektivitätsmessung

Der erste Schritt der Untersuchung war mittels der Einschätzungsskalen zu prüfen, ob das Training eine größere Selbsteinsicht der Teilnehmer bewirkt, ob die Teilnehmer bei sich selbst eine durch das Training bewirkte Veränderung bestimmter Persönlichkeitsmerkmale empfanden. Dabei zeigte sich, daß eine Veränderung der Selbsteinschätzung der Teilnehmer stattfand. Man konnte sehen, daß die Teilnehmer sich hinsichtlich ihrer selbst nach dem Training als geändert empfanden. Sie sahen sich warmherziger, aufgeschlossener, ausdauernder, kontaktfreudiger, empfindsamer, zugänglicher, unbekümmerter, gewandter, beherrschter und ausgeglichener. All dies sind Eigenschaften, die für gute Kommunikation notwendig sind.

Als nächstes wurde überprüft, ob und wie das Idealbild der Teilnehmer durch das Kommunikationstraining beeinflußt wird. Es zeigte sich mittels der Ergebnisse der Einschätzskalen, daß schon bei Beginn des Trainings ein bei den Gruppenmitgliedern kaum voneinander abweichendes Ideal vorzufinden war, und daß dieses Idealbild sich durch das Training nicht änderte.

Die Hypothese, daß es durch das Training zu einer Annäherung von Selbst- und Idealbild kommt, konnte bewiesen werden. Das läßt den Schluß zu, daß das Training auch therapeutische Wirkung hat.

Weiter sollte mit dem objektiven Persönlichkeitstest 16-PF überprüft werden, ob eine Änderung der Persönlichkeit stattfindet. Auch hier zeigte sich eine Anzahl von Veränderungen bestimmter Persönlichkeitsfaktoren. So ergab der Test eine Übereinstimmung mit der Selbsteinschätzung insofern, als auch beim 16-PF Veränderungen zu ausdauernderem, empfindsamerem, unbekümmerterem, gewandterem und beherrschterem Verhalten nachzuweisen waren. Allerdings zeigten sich auch Ergebnisse, die den in der Selbsteinschätzung auftretenden Veränderungen widersprachen. So wurde nach dem Training größere Verschlossenheit, größeres Mißtrauen und größere Gespanntheit festgestellt.

Dieses zuletzt genannte Phänomen bestätigt, daß tatsächlich ein Veränderungsprozeß während des Trainings in Gang kam. Nach der Theorie von Lewin [5] müssen, um eine Veränderung zu erlangen, zuerst bestehende Verhaltensweisen verunsichert werden. Daß dies durch das Traning geschieht, beweisen die Ergebnisse des 16-PF. Der Veränderungsprozeß wird durch das Training eingeleitet. Die Teilnehmer zeigen, daß das durch das Training als erstrebenswert erkannte Ziel – dessen Erreichung in einer Veränderung der Persönlichkeit hinsichtlich größerer Kommunikationsfähigkeit besteht – in ihrer Selbstbeurteilung zum Teil schon vorweggenommen wurde.

Für die Hypothese, daß sich die Selbsteinschätzung, die auf subjektiven Daten beruht, der „objektiven" Beurteilung der 16-PF annähert, konnte kein Nachweis erbracht werden. Da es für jeden Kommunikationsvorgang nicht nur wichtig ist, sich selbst, die eigenen Motivationen und Projektionen zu erkennen, sondern auch den anderen Menschen richtig erfassen und beurteilen zu können, war dies ein weiterer Punkt der Überprüfung. Es wurde geprüft, ob der einzelne durch das Training gelernt hat, anderen größere Aufmerksamkeit und mehr Einfühlungsvermögen entgegenzubringen. Wiederum wurde an Hand von Einschätzungsskalen aufgezeigt, wie die Mitglieder sich untereinander einschätzen, das heißt inwieweit sie aufgetretene Verhaltensänderungen anderer erkennen konnten. So konnte nach Beendigung des Trainings festgestellt werden, daß die Teilnehmer sich gegenseitig als warmherziger, bestimmter, aufgeschlossener, ausdauernder, geselliger, empfindsamer, zugänglicher, gewandter, unbekümmerter, radikaler, unabhängiger und beherrschter empfanden.

Die Überprüfung, ob sich Fremd- und Selbstbild nach beendigtem Training annähern, sollte beweisen, daß durch das Training der einzelne lernt, sich dem anderen so zu zeigen, wie er wirklich ist, und die anderen in der Lage sind, diese Information zu empfangen. Dieser Beweis wurde erbracht. Dadurch kann eine weitere Bedingung für die Erlangung einer besseren Fähigkeit zur Kommunikation als erfüllt gelten.

Die Annahme, daß es zu einer durch das Training bedingten Annäherung der subjektiven Daten der Fremdeinschätzung an die Ergebnisse des 16-PF kommt, konnte auch hier nicht bewiesen werden. Die niedrige Korrelation der Einschätzskalen mit dem 16-PF führt zu dem Schluß, daß die Operationalisierung dieser beiden Konstrukte nicht die gleiche ist, daher die Ergebnisse der Einschätzungsskalen mit denen des 16-PF nicht verglichen werden können.

Das Training schafft dem einzelnen, wie durch die bisherigen Ergebnisse als bewiesen angesehen werden kann, die grundsätzlichen Voraussetzungen und Möglichkeiten mit anderen besser in Kontakt treten zu können. Es stellt sich nun die Frage, ob und inwieweit diese Erfahrungs- und Lerninhalte in die primäre Umwelt übertragen werden können. Um dies zu untersuchen, wurde wie schon erwähnt, vor Beginn des Trainings und sechs Wochen nach dem Training ein zweiter Persönlichkeitstest, der FPI, erhoben. Dabei konnten Veränderungen zu größerer Kontaktfreudigkeit und selbstbewußterem Verhalten festgestellt werden.[6]

Somit konnte durch die Ergebnisse dieser Untersuchung aufgezeigt werden, daß sowohl das Selbstbild, das Fremdbild, als auch einzelne durch den 16-PF erfaßte Persönlichkeitsfaktoren der Teilnehmer Veränderungen unterworfen waren. Weiter konnten die Veränderungen von Persönlichkeitsmerkmalen mit Hilfe des FPI festgestellt werden, die über das Kommunikationstraining hinaus wirksam waren.

Literatur zum 5. Kapitel:

1 Antons, K.: „Praxis der Gruppendynamik", Göttingen 1973, S. 150 ff

2 Mucchielli, R.: „Communication et réseaux de communications", a. a. O. S. 53 ff

3 Antons, K.: a. a. O. S. 235 ff

4 Von Praag, van Asperen, H. M.: „De incidentmethode; enkele richtlijnen voor toepassing in leersituaties". In: Nijkerk, K. J., van Praag, R. H.: Groepswerk, Begrippen, velden, methoden. Alphen aan den Rijn, 1970, S. 205–214

5 Geißner, H.: „Rhetorik". BSV Studienverlag. München 1972

6 Antons, K.: a. a. O. S. 155 ff

7 Blake-Mouton: „Verhaltenspsychologie im Betrieb". Düsseldorf, Wien, 1971, S. 110

8 Grid – Organisationsentwicklung, Austin, Texas, 1971, S. 5 ff

9 Vgl. Antons, K.: a. a. O. S. 115 ff

10 Zöchbauer, F.: Lehrgang Fernsehen Oberstufe", Wien 1971, S. 47–101

Weiterführende Literatur:

Malamud, D. A., Machover, S.: Towards Selfunderstanding. Group techniques in self-confrontation. Illinois, 1970

Gordon, R. L.: Interviews, Strategy, techniques and tactics. Illinois, 1969

Maier, N. R. F., Hayes, J. J.: Creative Management. New York, 1962

American Management Association, Effective communication on the Job, New York, 1963

Literatur zum 6. Kapitel

1 C. R. Rogers, Individueel, Ober Encountergroupen. Den Haag, 1971, S. 50–76

2 M. B. Miles. Learning to work in groups. A program guide for educational leaders, New York, 1965[4], S. 204–222
Vgl. W. Schmidbauer, Sensitivitätstraining und analytische Gruppendynamik, München 1973. S. 110 ff.

Literatur zum 7. Kapitel:

1 Cattell, R. B.: „Sixteen–Personality Factor Questionaire", „The 16-PF", Young Adult and Adult; Illinois 1962

2 Fahrenberg, J., Selg, H.: „Das Freiburger Persönlichkeitsinventar, Handanweisung für die Durchführung und Auswertung"; Göttingen 1970

3 Roth, E.: „Einstellungen als Determinanten individuellen Verhaltens"; Göttingen 1967 a und: „Einstellung, Selbst- und Idealeinschätzung junger Metallarbeiter"; in: Scharmann, Th.: „Lebensplanung und Lebensgestaltung junger Arbeiter"; Bern–Stuttgart 1967

4 Cattell: a. a. O. S. 6

5 Lewin, K.: „Group Decision and Social Change"; in: „Newcomb, T., Hartley, E.: „Readings in Social Psychology"; New York 1947

6 Mössler, M.: „Effektivitätsmessung von Kommunikationstrainings". Dissertation 1973, S. 156–159

8 Rückblick und Ausblick

8.1 Die Kommunikationsnot

Bei jedem Training erleben wir wie groß bei so vielen Menschen und Gruppen die Kommunikationsnot ist, und wie sehr sie darunter leiden. Aus dieser Not kommt das Bedürfnis nach Kommunikation und der Wunsch, Kommunikation zu lernen.

Fragen wir uns, worin sich diese Not vor allem zeigt, so finden wir sehr verschiedene Phänomene:

- *Zunächst die Ohnmacht, Beziehungen herzustellen.* Es wird immer wieder erlebt, welche Rolle die Beziehung in der Kommunikation spielt. Doch weiß man vielfach nicht, was man tun kann, um Beziehung herzustellen und diese zu kultivieren.
- *Die Unfähigkeit, über sich selbst, seine Erlebnisse und seine Gefühle zu sprechen.* Bei vielen Teilnehmern konnten wir die internalisierte Norm feststellen, daß man über sich nicht sprechen solle. Es sei ein Zeichen von Egoismus. Sie spürten aber, daß sie dies brauchen, und bei vielen brach es lawinenartig hervor, wenn sie endlich einmal etwas von sich sagen konnten. Doch nicht nur die Befreiung dieses Sprechens über sich selbst wurde erlebt, sondern auch die Möglichkeit, daß das Sprechen über sich selbst ein Mittel der Selbstverwirklichung sein kann. Denn „alles was ich bin, bin ich durch Kommunikation". Bei Männern fanden wir vor allem eine internalisierte Norm in der Form vor, daß sie glaubten, keine Gefühle haben zu dürfen, auf jeden Fall darüber nicht sprechen zu sollen. Sie selbst erzählten, wie sehr gerade darunter ihre Ehe leidet. Es war für sie so überraschend, daß sie in den Trainings plötzlich über ihre Gefühle sprechen sollten. In vielen Fällen fehlte das nötige Vokabular dazu und eine große Unbeholfenheit trat zu Tage. Für uns entstand das Problem, inwieweit das Sprechen über seine Gefühle nicht ein wesentliches Mittel zum Aufbau einer Kultur der Gefühle sein kann.
- *Die Dialogunfähigkeit.* Am Beginn eines Trainings geraten wir sehr rasch in Situationen, an denen wir bewußt machen können, wie Menschen aneinander vorbeireden. Zu allererst zeigt sich die Dialogunfähigkeit in dem Unvermögen zuzuhören. Wenn wir dann eine Zuhörübung einbauen, wird uns gesagt, daß man nie gedacht hätte, wie schwierig es ist, wirklich zuzuhören und das zu verstehen, was der andere sagt. Es wird in der Regel nur die vordergründige Aussage gehört. Was einer aber dabei denkt, warum er dies gerade jetzt sagt, was er damit eigentlich meint, wird nur selten erfaßt. Eine große Schwierigkeit ist auch für die meisten, das vom anderen her

Denken und vom anderen her Sprechen. Verlangt doch dies eine Relativierung des eigenen Bezugssystems, die für viele einen Verlust an Sicherheit zu bringen scheint.

- *Das generelle Mißtrauen.* In der ersten Phase des Trainings begegnen wir regelmäßig der Angst, sich eine Blöße zu geben, der Angst, vom anderen angegriffen zu werden, der Angst, daß der andere nur eine Schwäche sucht, um diese gegen einen auszunützen. Aus dieser Angst kommt das allgemeine Mißtrauen. Doch die Teilnehmer sind in den meisten Fällen ambivalent. Wir finden neben diesem Mißtrauen den großen Wunsch, anderen vertrauen zu können und Vertrauen zu erhalten.
  Dieses Mißtrauen vergiftet vielfach die Beziehung zwischen den Menschen. Wir konnten feststellen, daß manche jahrelang nebeneinander lebten und einander mißtrauten, aber jeder hoffte, daß einer einmal dieses Mißtrauen durchbrechen würde. Oft warteten beide Teile jahrelang, und beim Training sagten sie sich dies zum ersten Mal.
  In einer Handelskammer, in der wir einen großen Teil der Beamten in Kommunikationstrainings schulten, wurde uns spontan als Ergebnis mitgeteilt, daß seit diesen Trainings das Vertrauen der Beamten zueinander größer geworden ist und das Klima sich wesentlich verbessert hat.
- *Die Unfähigkeit Kommunikationsprozesse zu erkennen und zu steuern.* Viele Personen fühlen sich Kommunikationsstörungen hilflos ausgeliefert. Sie wissen nicht, wie sie Kommunikationsnetze aufbauen, wie sie der Kommunikationsnot begegnen können. Sie können Prozesse nicht diagnostizieren und haben kein Instrumentarium, um Kommunikationsprozesse zu verbessern und zu steuern.
- *Die Unsicherheit der Teilnehmer gegenüber dem Informationsangebot.* Diese kommt nach unseren Erfahrungen aus zwei Quellen:
  1. Aus dem Überangebot an Information – die aber z. B. in den Nachrichtensendungen ohne innere Ordnung und ohne das Aufzeigen von Hintergründen und Zusammenhängen und daher chaotisch präsentiert wird. Dadurch ist eine Orientierung kaum möglich.
  2. Aus den in der Informationsfülle latenten unterschiedlichen, ja oft gegensätzlichen Wert- und Normsystemen einem Kennzeichen der pluralistischen Gesellschaft.

Diese Tatsachen werden bei der Nachrichtenanalyse im Rahmen eines Wochentrainings noch stärker bewußt. Immer wieder hören wir in diesem Zusammenhang die Frage „Wem können wir noch glauben? An wen können wir uns halten?“ Diese Fragen waren in den meisten Fällen vorher latent vorhanden und wurden vielfach auf inadäquate Weise zu bewältigen versucht. Die einen werteten das Fernsehen und die Massenmedien total ab, um sich nicht auseinandersetzen zu müssen. Die anderen flüchteten in eine Konsumhaltung und genossen das Gesamtangebot der Medien primär als Unterhaltung. Manche Kommunikatoren kommen ja dieser Tendenz dadurch entgegen, daß sie die Auswahl und die Gestaltung der Information unter dem Gesichtspunkt der Unterhaltung vornehmen. Wieder andere glauben den Aussagen der Massenmedien blind und verhindern so die Problematisierung.

In den Trainings versuchen wir zur Auseinandersetzung mit den Massenmedien zu führen. Da diese dem einzelnen oft allein schwer möglich ist, üben wir diese Auseinandersetzung im Gruppengespräch und erlernen dadurch die Koorientierung durch Kommunikation. Um aber zu vermeiden, daß Pseudosicherheiten in faschistoiden Ideologien gesucht werden, versuchen wir in den Trainings durch Bejahung der Dynamisierung der persönlichen Identität mit Unsicherheit leben zu lernen.

In den Kommunikationstrainings haben wir nun versucht, den Menschen zu helfen und die Ursachen ihrer Kommunikationsnot zu erkennen und diese zumindest zu lindern. In vielen Fällen ist es gelungen, Trainingsteilnehmern kommunikative Kompetenz zu vermitteln. Ihre Sensibilität gegenüber Kommunikationsprozessen wurde erhöht, und sie wurden befähigt, Kommunikation kreativ und damit hilfreich zu gestalten. Sie lernten sich in der Kommunikation besser zu verwirklichen.

Keineswegs aber wurde bei allen Trainings alles erreicht. Den meisten jedoch wurde in den Trainings eine neue Möglichkeit für ihre persönliche Entwicklung, für die Verbesserung der zwischenmenschlichen Beziehungen durch Kommunikation und für die Orientierung gewiesen.

8.2 Das Bedürfnis nach Kommunikationstrainings

Wie groß das Bedürfnis nach Kommunikationstrainings ist, zeigte sich in zwei Impulstagungen, die wir für Lehrer durchführten. In Innsbruck meldeten sich von den 141 anwesenden Lehrern 48 zu einem einwöchigen, 67 zu einem 14tägigen Kommunikationstraining und 26 interessierten sich für eine Trainerausbildung.

In Graz waren 446 Lehrer anwesend. Von diesen erklärten sich 322 bereit ein einwöchentliches Kommunikationstraining, 86 ein zweiwöchentliches Training zu besuchen und 35 meldeten sich für eine Trainerausbildung, nur 27 zeigten kein Interesse.

Diese Zahlen sind um so erstaunlicher, als den Lehrern gesagt wurde, daß diese Ausbildung vorwiegend in den Ferien stattfinden wird.

Viele, viele andere Gruppen und Institutionen meldeten darüber hinaus ihre Wünsche nach Kommunikationstrainings an. Allein im letzten Jahr waren es u. a. Manager, Gewerkschaftsfunktionäre, Leiter von Rechenzentren, Innungsmeister, Angestellte einer Spedition, Abteilungsleiter einer Sparkasse, Gebietsvertreter einer Waschmittelfirma, Studenten, Professoren, Rundfunk- und Fernsehschaffende, Lehrer, Theologen, Sozialpädagogen, Politiker, Vertreter von Elternvereinigungen und Beamte. Sie spürten, daß sie die Kommunikation erlernen müssen. Auch die Anmeldungen für die Ausbildung zum Kommunikationstrainer werden immer häufiger. Durch Kurse für Kommunikationstrainer wird es möglich, immer breitere Schichten an Kommunikationstrainings teilnehmen zu lassen.

8.3 Integration von verschiedenen Trainingstypen und Ausdifferenzierung von Kommunikationstrainings

Die Entwicklung der Kommunikationstrainings zeigt eine zunehmende Integration von Elementen aus anderen Trainingsformen. Vom Sensitivitytraining wurden vor allem die Selbstdarstellungsanalyse und die Erlebnisanalyse geprägt. Vom gruppendynamischen Laboratorium wurden die Übungen in Gruppenkommunikation beeinflußt. Vom Psychodrama wurden Anregungen für die aggressionsauflösenden Übungen übernommen. Aus den Encounter-groups kamen Hinweise für die nonverbalen Übungen und die Auseinandersetzung mit dem Selbstbild und Fremdbild anhand der Polaritätsprofile. Die Gestalttherapie brachte wertvolle Erkenntnisse für die Arbeit mit den Kollagen. Die Medienerziehung lieferte uns Modelle für die Analyse von Nachrichten- und Unterhaltungssendungen. Aus dem Organisationstraining stammen die Gesichtspunkte für die Entwicklung der Übungen zur Verbesserung des Führungsverhaltens und der Kommunikationsstile. Aus der rhetorischen Kommunikation entnahmen wir Elemente für die Übungen in Standpunktformulierung und Kreuzverhör.

Neue Elemente wurden entwickelt, und so entstanden im Laufe der Zeit Ausdifferenzierungen des Kommunikationstrainings, wodurch den speziellen Wünschen und Bedürfnissen von einzelnen Gruppen entgegengekommen werden konnte.

Wir konzipierten Grundtrainings von drei Tagen, die eine geschlossene Grundausbildung vermitteln. Darauf abgestimmt werden dreitägige Aufbautrainings angeboten, die wir in ihrem Prinzip geschildert haben.

Auch das Wochentraining wurde weiter ausdifferenziert. Es entstand neben dem geschilderten Kommunikationstraining von der Dauer einer Woche ein Wochentraining über Verhandlungsführung und ein Wochentraining über Kommunikation und Führungsverhalten.

Dazu kamen spezielle Dreitagetrainings, z. B. reine Gesprächstrainings, dann Zuhörtrainings, Trainings über den Beziehungsaufbau, Trainings in rhetorischer Kommunikation, Trainings für Meinungsbildung, Trainings zum Erkennen von Manipulationen, Trainings für fernsehgerechtes Verhalten, Trainings für Massenkommunikation u. a. m.

Neben diesen in „Klausur" sich abspielenden Trainings entstanden auch Trainings, die sich über mehrere Wochen jeweils an einem Abend in der Woche abspielten.

Henk Hoekstra entwickelte darüber hinaus in Holland vor allem Trainings für Kommunikatoren. Während bei den bisherigen Trainings das Erleben der Rezipienten und die Aussagen, die der Rezipient empfängt, im Vordergrund standen, geht es in diesen Trainings um die Sensibilisierung der Kommunikatoren, um eine vertiefte Reflexion für ihre Produktionen, um das Bewußtwerden der (unbewußten) weltanschaulichen Implikationen und um die Befähigung zur Teamarbeit in den Redaktionen.

An der Theologischen Hochschule Amsterdam werden in interdisziplinären Seminaren durch das Zusammenarbeiten von Philosophen, Theologen, Soziologen und Kommunikationswissenschaftlern neue Methoden zum Erkennen von Normen, Sinngebungen, Wertungen und Symbolen entwickelt.

An dem von Franz Zöchbauer geleiteten Institut für Kommunikationswissenschaften in Graz werden unter anderem Trainingsmodelle entwickelt und erprobt, die bereits in der Schule bei Kindern und Jugendlichen angewandt werden können.

Begleituntersuchungen sind im Gange über das Training „Kommunikation und Führungsverhalten". Es wird dabei mit Hilfe des Gießen-Tests die Veränderung der sozialen Potenz und der sozialen Integration durch das Training untersucht. Dies nicht nur vor und nach dem Training, sondern auch noch vier Wochen später.

Eine andere Untersuchung will feststellen, inwieweit dogmatische rigide Einstellungen durch Trainings geändert werden. Die ersten Auswertungen zeigen ermutigende Ergebnisse.

Mit Prof. Dr. Karl Inama von der Medizinischen Fakultät der Universität Innsbruck wurde in einer Pilotuntersuchung der Einfluß von Kommunikationstrainings auf das Kreislaufverhalten untersucht. Diese erste Untersuchung ergab, daß eine signifikante Rationalisierung im Kreislaufverhalten sowohl im Blutdruck als auch in der Pulsfrequenz bei Belastung eingetreten ist. Wie lang dies anhält und bei welchen Personengruppen dies besonders stark in Erscheinung tritt, muß noch weiter untersucht werden.

Es sind weitere Untersuchungen geplant über den Einfluß des Kommunikationstrainings auf die Beziehung von Lehrern und Schülern und Lehrern untereinander. Auch die Auswirkung der Verbesserung der Beziehungen auf die Leistung der Schüler und auf ihre Einstellung zur Schule soll untersucht werden.

So erleben wir uns am Beginn eines vielversprechenden Weges, von dem wir die Richtung wissen und den wir weitergehen werden.